일 본 어 능 력 시 험

딱! 한 권

JLPT
N3 독해

저자 JLPT연구모임

일 본 어 능 력 시 험

JLPT
N3 독해

초판인쇄	2021년 6월 2일
초판발행	2021년 6월 12일

저자	JLPT연구모임
책임 편집	조은형, 무라야마 토시오, 박현숙, 손영은, 김성은
펴낸이	엄태상
해설진	한고운, 김수빈
디자인	권진희
조판	김성은
콘텐츠 제작	김선웅, 김현이
마케팅	이승욱, 전한나, 왕성석, 노원준, 조인선, 조성민
경영기획	마정인, 조성근, 최성훈, 정다운, 김다미, 오희연
물류	정종진, 윤덕현, 양희은, 신승진

펴낸곳	시사일본어사(시사북스)
주소	서울시 종로구 자하문로 300 시사빌딩
주문 및 교재 문의	1588-1582
팩스	0502-989-9592
홈페이지	www.sisabooks.com
이메일	book_japanese@sisadream.com
등록일자	1977년 12월 24일
등록번호	제 300-1977-31호

ISBN 978-89-402-9323-2 (13730)

머리말

일본어능력시험은 N4와 N5에서는 주로 교실 내에서 배우는 기본적인 일본어를 어느 정도 이해할 수 있는 레벨인가를 측정하며, N1과 N2에서는 폭넓은 분야에서 일본어를 어느 정도 이해할 수 있는지, N3는 N1, N2와 N4, N5의 가교 역할을 하며 일상적인 장면에서 사용되는 일본어의 이해를 측정합니다. 일본어능력시험 레벨 인정의 목표는 '읽기', '듣기'와 같은 언어행동의 표현입니다. 언어행동을 표현하기 위해서는 문자·어휘·문법 등의 언어지식도 필요합니다. 즉, 어휘나 한자, 문법 항목의 무조건적인 암기가 아니라, 어휘나 한자, 문법 항목을 커뮤니케이션 수단으로서 실제로 활용할 수 있는가를 측정하는 것이 목표입니다.

본 교재는 新일본어능력시험 개정안에 따라 2010년부터 최근까지 새롭게 출제된 기출문제를 철저히 분석하여, 일본어 능력시험 초심자를 위한 상세한 설명과 다량의 확인문제를 수록하고, 중·고급 학습자들을 위해 난이도 있는 실전문제를 다루었습니다. 또한 혼자서도 충분히 합격할 수 있도록, 상세한 해설을 첨부하였습니다. 시중에 일본어능력시험 수험서는 많이 있지만, 학습자들이 원하는 부분을 콕 집어 효율적인 학습을 할 수 있는 교재는 그다지 많지 않습니다.

이러한 점을 고려하여 본 JLPT연구모임에서는 수년간의 분석을 통해 적중률과 난이도를 연구하여, 일본어능력시험을 준비하는 학습자가 이 책 한 권이면 충분하다고 느낄 정도의 내용과 문제를 실었습니다. 한 문제 한 문제 꼼꼼하게 풀어 보시고, 일본어능력시험에 꼭 합격하시기를 진심으로 기원합니다.

JLPT연구모임

① 교시 ‖ 언어지식(문자 · 어휘 · 문법)/독해

문자 · 어휘

출제 빈도순 어휘 ➡ 기출어휘 ➡ 확인문제 ➡ 실전문제

問題 1 한자읽기, 問題 2 문맥규정, 問題 3 유의표현, 問題 4 용법 등 문제 유형별 출제 빈도순으로 1순위부터 3순위까지 정리하여 어휘를 제시한다. 가장 많이 출제되고 있는 する동사부터 명사, 동사, 형용사, 부사순으로 어휘를 학습한 후, 확인문제를 풀어 보면서 확인하고, 확인문제를 학습 후에는 실전문제를 풀면서 총정리를 한다. 각 유형별로 제시한 어휘에는 최근 출제되었던 단어를 표기해 놓았다.

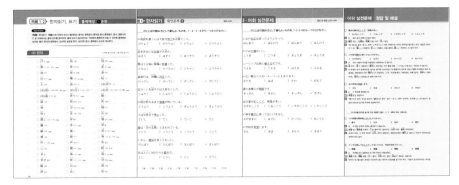

문법

기초문법 ➡ 필수문법 ➡ 필수경어 ➡ 확인문제 ➡ 실전문제

N3 필수 문법과 경어를 학습하고 확인 문제를 차근차근 풀며 체크할 수 있도록 다량의 문제를 실어 놓았으며, 처음 시작하는 초보자를 위해 시험에 자주 등장하는 기초문법을 수록해 놓았다. 확인문제까지 학습한 뒤에는 난이도 있는 실전문제를 풀며 실전에 대비할 수 있도록 했다.

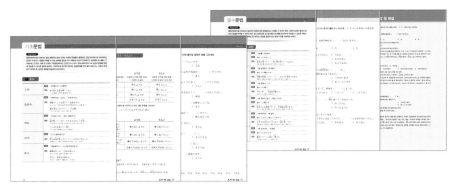

독해

독해의 비결 ➡ 영역별 확인문제 ➡ 실전문제

이제 더 이상 문자·어휘·문법에만 집중해서는 안 된다. 과목별 과락이라는 제도가 생기면서, 독해와 청해의 비중이 높아졌기 때문에 모든 영역을 균형있게 학습해야 한다. 본 교재에서는 독해의 비결을 통해, 글을 분석할 수 있는 노하우를 담았다. 문제만 많이 푼다고 해서 점수가 잘 나오는 것이 아니므로, 원리를 잘 파악해 보자.

2 교시 청해

청해의 비결 ➡ 영역별 확인문제 ➡ 실전문제

독해와 함께 청해의 비중이 높아졌으며, 커뮤니케이션이 중시되었기 때문에 단어 하나하나의 의미를 꼼꼼히 듣는 방법보다는 상담·준비·설명·소개·코멘트·의뢰·허가 등 어떤 주제로 회화가 이루어지는지, 또한 칭찬·격려·질책·변명·걱정 등 어떤 장면인지 잘 파악해야 한다.

● 실전모의테스트 3회분 (영역별 2회분 + 온라인 종합 1회분)

질로 승부한다!

JLPT연구모임에서는 몇 년 동안 완벽한 분석을 통해 적중률과 난이도를 조정하여, 실전모의테스트를 제작
하였다. 혼자서도 공부할 수 있도록 자세한 해설을 수록해 놓았다.

● 무료 동영상 해설 강의

1타 강사들의 명쾌한 실전모의테스트 해설 특강!!

언제 어디서나 꼼꼼하게 능력시험을 대비할 수 있도록 동영상 강의를 제작
하였다. 질 좋은 문제와 명쾌한 해설로 실전에 대비하길 바란다.

차례

독해

실전모의테스트

① 시험과목과 시험시간

레벨	시험과목 (시험시간)		
N1	언어지식 (문자·어휘·문법)·독해 (110분)		청해 (60분)
N2	언어지식 (문자·어휘·문법)·독해 (105분)		청해 (50분)
N3	언어지식 (문자·어휘) (30분)	언어지식 (문법)·독해 (70분)	청해 (45분)
N4	언어지식 (문자·어휘) (25분)	언어지식 (문법)·독해 (55분)	청해 (40분)
N5	언어지식 (문자·어휘) (20분)	언어지식 (문법)·독해 (40분)	청해 (35분)

② 시험점수

레벨	배점구분	득점범위
N1	언어지식(문자·어휘·문법)	0~60
	독해	0~60
	청해	0~60
	종합배점	0~180
N2	언어지식(문자·어휘·문법)	0~60
	독해	0~60
	청해	0~60
	종합배점	0~180
N3	언어지식(문자·어휘·문법)	0~60
	독해	0~60
	청해	0~60
	종합배점	0~180
N4	언어지식(문자·어휘·문법)·독해	0~120
	청해	0~60
	종합배점	0~180
N5	언어지식(문자·어휘·문법)·독해	0~120
	청해	0~60
	종합배점	0~180

③ 합격점과 합격 기준점

레벨별 합격점은 N1 100점, N2 90점, N3 95점이며, 과목별 합격 기준점은 각 19점입니다.

④ 문제유형

I. 언어지식(문자·어휘·문법)   II. 독해   III. 청해

시험과목		큰 문제	예상 문항 수	문제 내용	적정 예상 풀이 시간	파트별 소요 예상 시간	대책
언어 지식 (30분)	문 자 · 어 휘	문제 1	8	한자 읽기 문제	3분	문자·어휘 20분	문자·어휘 파트의 시험시간은 30분으로 문제 푸는 시간을 20분 정도로 생각하면 시간은 충분하다. 나머지 10분 동안 마킹과 점검을 하면 된다.
		문제 2	6	한자 표기 문제	3분		
		문제 3	11	문맥에 맞는 적절한 어휘 고르는 문제	6분		
		문제 4	5	주어진 어휘와 비슷한 의미의 어휘를 찾는 문제	3분		
		문제 5	5	제시된 어휘의 의미가 올바르게 쓰였는지를 묻는 문제	5분		
언어 지식 (문법) · 독해 (70분)	문 법	문제 1	13	문장의 내용에 맞는 문형표현 즉 기능어를 찾아서 넣는 문제	6분	문법 18분	총 70분 중에서 문제 푸는 시간 56분, 나머지 14분 동안 마킹과 마지막 점검을 하면 된다. 문법 파트에서 새로운 유형의 문제는 예제를 확실하게 이해하고 문제풀이를 하면 새로운 문제에 바로 적응할 수 있을 것이다. 독해문도 마찬가지다. 새로운 유형의 정보 검색 등은 내용 속에 답이 있으므로 차분히 찾기만 하면 된다.
		문제 2	5	나열된 단어를 의미에 맞게 조합하는 문제	5분		
		문제 3	5	글의 흐름에 맞는 문법 찾아내기 문제	7분		
	독 해	문제 4	4	단문(150~200자 정도) 이해	10분	독해 38분	
		문제 5	6	중문(350자 정도) 이해	10분		
		문제 6	4	장문(550자 정도) 이해	10분		
		문제 7	2	600자 정도의 글을 읽고 필요한 정보 찾기	8분		
청해 (45분)		문제 1	6	과제 해결에 필요한 정보를 듣고 나서 무엇을 해야 하는지 찾아내기	약 9분 (한 문항당 약 1분 30초)		총 45분 중에서 문제 푸는 시간은 대략 35분 10초 정도가 될 것으로 예상한다. 나머지 시간은 질문 읽는 시간과 문제 설명이 될 것으로 예상한다. 전체적으로 난이도가 그다지 어렵지 않을 것으로 예상한다.
		문제 2	6	대화나 혼자 말하는 내용을 듣고 포인트 파악하기	약 11분 30초 (한 문항당 약 1분 55초)		
		문제 3	3	내용 전체를 듣고 화자의 의도나 주장을 이해하기	약 4분 30초 (한 문항당 약 1분 30초)		
		문제 4	4	그림을 보면서 상황 설명을 듣고 화살표가 가리키는 인물의 대답 찾기	약 2분 40초 (한 문항당 약 40초)		
		문제 5	9	짧은 문장을 듣고 그에 맞는 적절한 응답 찾기	약 4분 30초 (한 문항당 약 30초)		

문법 접속 활용표

〈활용형과 품사의 기호〉

활용형과 품사의 기호	예
명사	雪
동사 사전형	持つ・見る・する・来る
동사 ます형	持ちます・見ます・します・来ます
동사 ない형	持たない・見ない・しない・来ない
동사 て형	持って・見て・して・来て
동사 た형	持った・見た・した・来た
동사 의지형	持とう・見よう・しよう・来よう
동사 가정형	持てば・見れば・すれば・来れば
동사 명령형	持て・見ろ・しろ・来い
イ형용사 사전형	暑い
イ형용사 어간	暑い
イ형용사 て형	暑くて
ナ형용사 사전형	丈夫だ
ナ형용사 어간	丈夫だ
ナ형용사 て형	丈夫で
する동사의 명사형	散歩・運動・料理 등 [する]를 뒤에 붙일 수 있는 명사

〈접속방법 표시 예〉

[보통형]

동사	聞く	聞かない	聞いた	聞かなかった
イ형용사	暑い	暑くない	暑かった	暑くなかった
ナ형용사	上手だ	上手ではない	上手だった	上手ではなかった
명사	学生だ	学生ではない	学生だった	学生ではなかった

[명사수식형]

동사	聞く	聞かない	聞いた	聞かなかった
イ형용사	暑い	暑くない	暑かった	暑くなかった
ナ형용사	上手な	上手ではない	上手だった	上手ではなかった
명사	学生の	学生ではない	学生だった	学生ではなかった

JLPT

N3

読解

● 독해의 비결

독해의 비결

① 문장을 읽는 스킬을 습득하자

✦ 동의어 찾기

여기서 말하는 동의어란 사전적 의미의 동의어가 아닌 문맥상의 동의어를 가리킨다. 일본어는 반복 어휘를 기피하는 특징을 갖고 있기 때문에 얼핏 보기에는 2, 3개의 문장으로 보이지만 결국은 1개의 문장을 반복적으로 이야기하며 표현 만 바꾸는 경우가 많다.

예제 1 다음 글을 읽고 질문에 답해 봅시다. 해석 p.17

> 朝の通勤時間に、新聞を読むことを習慣にしている人は多い。電車がすいていれば じっくり読めるだろうが、混雑した電車の中では、最後まで読めないことも多いだ ろう。新聞の厚さは年々増していて、電車の中で全部読もうとすると、かなりのエ ネルギーが必要だ。そこで私は、まず社説から目を通すことをおすすめしたい。社 説を読むと、今最も大きな話題は何なのかがすぐにわかるのだ。

1. 위 글에서 '신문을 읽는 것'에 대해서 설명하는 부분에 밑줄을 쳐 봅시다.

정답

> <u>朝の通勤時間に、新聞を読むことを習慣にしている人は多い</u>。<u>電車がすいていればじっく り読める</u>だろうが、混雑した電車の中では、最後まで読めないことも多いだろう。新聞の 厚さは年々増していて、<u>電車の中で全部読もうとすると、かなりのエネルギーが必要</u>だ。 そこで私は、まず<u>社説から目を通すことをおすすめ</u>したい。<u>社説を読むと、今最も大きな 話題は何なのかがすぐにわかる</u>のだ。

위와 같이 유사한 표현을 이 책에서는 **동의어** 또는 **동의어 표현**이라고 하자. 동의어를 표시해 두면 글에서 말하고자 하는 포인트를 한눈에 알 수가 있다. 그럼, 다음 문제도 풀어 보자.

> この文章を書いた人が、社説から読むことをすすめるのはどうしてか。
> 1　通勤時間は忙しいから
> 2　電車の中でもじっくり読めるから
> 3　話題になっていることがすぐわかるから
> 4　みんな習慣になっているから

▶ 사설을 읽으면 '지금 화제가 되고 있는 것'을 알 수 있으므로, 정답은 3번이다.

✦ 문장을 심플하게 만들기 · 생략법 (정보 얻기)

생략법이란 주어와 서술어를 파악하고 수식하는 문장을 생략하는 것을 말한다. 전달하고자 하는 정보를 얻어야 하는 문제에서는 명사와 한자 위주로 답을 찾아가며, 복잡한 문장구조는 단순하게 만드는 연습이 필요하다.

예제 2 다음 글을 읽고 질문에 답해 봅시다.   해석 p.17

> アルバイト募集！オープンしたばかりのコンビニで、仲間たちと一緒に楽しく働いてみませんか。レジや掃除だけでなく、事務仕事や店内の飾りつけなどもしていただくため、事務仕事や絵を描くのが得意な人を募集します。もちろん、明るく元気なあなたも大歓迎！あなたの才能を、生かしてみませんか。時給は7：00～20：00が830円、20：00～23：00が900円、23：00～7：00が1,020円。経験者優遇（未経験者可）。興味のある人は、03-3111-1333（担当：木村）まで。

1. 위 글에서 <u>한자어</u>로 된 <u>명사</u>를 찾아 써 봅시다.

_____

_____

정답

募集　仲間　一緒　掃除　事務仕事　店内　絵　人　大歓迎　才能　時給
経験者優遇（未経験者可）　興味　担当

위와 같이 **한자어의 명사 표현**을 중심으로 읽어 보면 그 글에서 전달하고자 하는 정보를 쉽게 얻을 수 있다. 이렇게 읽는 것을 **생략법** 또는 **문장을 심플하게 만든**다라고 한다.

> 募集内容とあっているものはどれか。
> 1　申し込みが多いときは面接をする。
> 2　店内の掃除や飾りつけも仕事内容だ。
> 3　女性だけを募集している。
> 4　申し込みはインターネットでする。

▶ 위에서 고른 단어 중 면접, 성별, 인터넷에 관한 어휘가 없으므로, 정답은 2번임을 알 수 있다.

독해의 비결

✩ 문장을 심플하게 만들기 · 생략법 (글의 흐름)

글의 흐름을 파악하는 문제의 경우도 생략법을 이용하면 간단하다. 동사 위주로 생각하며 복잡한 문장구조를 단순하게 만들어보자.

예제 3 다음 글을 읽고 질문에 답해 봅시다.　　　　　　　　　　　　해석 p.17

> あなたは、名刺をもらったらどうするだろう。名刺入れの中に入れっぱなし、という人もいるし、五十音順にファイリングするという人もいるだろう。ちょっと気がつく人になると、名刺の裏に、出会った日付と場所、その時の集まりの名前などを書き込んだりもする。きちんと整理するのも大事だが、まずは、その日のうちに、名刺をくれた人にメールを送るといい。どんな簡単なことでもいい。そうすることで、あなたと相手との関係がぐっと近くなるのだ。

1. 名刺をもらったらどうするだろう(명함을 받으면 어떻게 하는가?)에 대한 대답을 네 가지 찾아 봅시다.

A. _____

B. _____

C. _____

D. _____

정답

A. 名刺入れの中に入れる。 명함지갑에 넣는다.

B. ファイリングする。 파일링한다.

C. 名刺の裏に日付や場所などを書く。 명함 뒤에 날짜와 장소 등을 적는다.

D. メールを送る。 메일을 보낸다.

名刺をくれた相手と近い関係になるためには、どうすればいいか。

1　もらった名刺を目の前で名刺入れの中に入れる。

2　五十音にあわせてファイリングする。

3　名刺の裏に会った日付や場所などを書いておく。

4　もらったその日のうちにメールを送る。

▶ A～D 중 「そうすることであなたと相手との関係がぐっと近くなる」 바로 앞에 와 있는 D 즉, 4번이 정답이다. 글의 첫 부분에 의문 표현이 있는 경우는 그 대답이 되는 부분을 체크해 두는 것이 좋다.

✿ **지시어 파악하기**

지시어는 문장에서 목적어가 될 뿐만 아니라 쓰임새에 따라서는 주어가 되기도 하고, 이유·근거·목적·가정 등 목적하는 바에 따라 문장 전체를 가리키기도 한다. 따라서 지시어 자체가 중요한 것이 아니라 지시어가 가리키는 것이 무엇인지 파악하는 것이 문장을 이해하는 데 가장 중요하다고 할 수 있다.

예제 4 다음 글을 읽고 질문에 답해 봅시다.   해석 p.17

　レジの前で並んでいるとき、目の前の商品をあわてて買い物かごの中に入れたことはありませんか。①それは、あなたの意思だけでなく、その店の戦略(せんりゃく)であることを知っておいてください。レジの前には、電池やガム、栄養(えいよう)ドリンクなど、買う予定ではなかったのについ買ってしまいやすいものが実に数多く並べられています。店が悪いと言っているわけではありません。ただ、レジの前では、②それが本当に買うべきものなのか、もう一度考えるくせをつけたほうがいいかもしれませんね。

1. ①それが 가리키는 부분에 밑줄을 그어 봅시다.
2. ②それが 가리키는 부분에 밑줄을 그어 봅시다.
3. 1의 내용을 다른 말로 바꾸어 봅시다.
   (＿＿＿＿＿＿＿＿＿＿＿)ではなかったものを、つい(＿＿＿＿＿＿＿＿＿＿＿)こと
4. 2의 내용을 다른 말로 바꾸어 봅시다.
   <u>店がお客さんに(＿＿＿＿＿＿＿＿＿＿＿)たいもの</u>

정답

　<u>①レジの前で並んでいるとき、目の前の商品をあわてて買い物かごの中に入れたこと</u>はありませんか。①それは、あなたの意思だけでなく、その店の戦略(せんりゃく)であることを知っておいてください。レジの前には、②<u>電池やガム、栄養(えいよう)ドリンクなど、買う予定ではなかったのについ買ってしまいやすいもの</u>が実に数多く並べられています。店が悪いと言っているわけではありません。ただ、レジの前では、②それが本当に買うべきものなのか、もう一度考えるくせをつけたほうがいいかもしれませんね。

3　<u>(買う予定)ではなかったものを、つい(買ってしまう)こと</u>
4　<u>店がお客さんに(買わせ)たいもの</u>

この文章を書いた人が一番言いたいことは何か。

1　レジの前の商品はできるだけ買わないほうがいい。
2　レジの前の商品を買うときはよく考えたほうがいい。
3　レジの前には、生活に必要なものを置いたほうがいい。
4　レジの前には、商品をあまり並べないほうがいい。

▶　②<u>それ</u>(지시어)가 지시하는 말이 무엇인가를 생각하면, 정답은 2번임을 알 수 있다.

독해의 비결

✧ 접속어 파악하기

필자의 의도를 파악하는 문제의 경우, 접속어만 잘 알고 있어도 문제는 간단하게 해결된다. 특히 역접의 역할을 하는 접속어 뒤에는 필자가 이야기하고 싶은 내용이 들어가 있으므로 주의하며 문제를 풀도록 하자.

예제5 다음 글을 읽고 질문에 답해 봅시다.　　　　　　　　　　　　　　　해석 p.17

　　家族と離れて暮らす学生が利用する住まいの中に、学生寮がある。学生寮は、防犯システムが整っていたり、食事が提供されたり、さらには料金もリーズナブルだったりするため、アパートでの一人暮らしに比べて人気が高い。

　　数多くのメリット（注1）の中でも親たちに一番人気なのが、規則正しい（注2）生活が送れるということだ。寮では学習の時間や門限が決められていて、決められた時間が守れないと追い出されて（注3）しまうことになる。そのため、学生の中にはそのような決まりを窮屈（注4）だと感じている人もいるようだ。

　　しかし、学生の仕事と言えば勉強することだ。生活の時間がきちんと決められていれば、遊び歩いたり、だらだら過ごしたりして勉強できなくなることはないだろう。

　　親たちが学生寮を選択するのには、自分の子どもに勉強して欲しい、という願いが込められているのだ。

（注1）メリット：良い点、利点
（注2）規則正しい：計画的な、きちんとした
（注3）追い出されて：ここでは寮にいられなくなって
（注4）窮屈：ここでは、自由がなくて息苦しいこと

---

1. 위 글에서 접속어를 3개 찾아서 써 봅시다.

　　(　　　　　　　　　　) (　　　　　　　　　　) (　　　　　　　　　　)

정답

　　（さらには (더욱이)）（そのため (그 때문에)）（しかし (그러나)）

3개의 접속어는 각각 **첨가, 이유, 역접** 등의 역할을 하게 된다.

　　この文章を書いた人が寮について一番言いたいことはどれか。
　　1　ルールが厳しく、学生がかわいそうだ。
　　2　あまりにも厳しい規則はなくしたほうがいい。
　　3　寮の規則的な生活は学習の役に立つはずだ。
　　4　寮はアパートよりも便利で住みやすい。

▶ 역접을 나타내는 접속어가 있는 경우에는 앞에 쓰여진 내용보다는 뒤에 등장하는 내용의 중요도가 높다.
　「しかし」이후의 내용을 파악하면, 정답은 3번임을 알 수 있다.

예제 1

아침 통근시간에 신문을 읽는 습관을 가진 사람은 많다. 전철이 비어 있으면 시간을 두고 읽을 수 있겠지만, 혼잡한 전철 안에서는 마지막까지 읽을 수 없을 때가 많을 것이다. 신문의 두께는 매년 늘어나고 전철 안에서 전부 읽으려고 하면 상당한 에너지가 필요하다. 그래서 나는 우선 사설부터 훑어 보는 것을 권하고 싶다. 사설을 읽으면 지금 가장 큰 화제는 무엇인지를 바로 알 수 있다.

예제 2

아르바이트 모집! 이제 막 오픈한 편의점에서 동료들과 함께 즐겁게 일해 보지 않겠습니까? 계산과 청소뿐만 아니라 사무 업무와 점내 장식 등도 해야 하므로 사무 업무와 그림을 잘 그리는 사람을 모집합니다. 물론 밝고 건강한 당신도 대환영! 당신의 재능을 살려 보지 않겠습니까? 시급은 07:00~20:00가 830엔, 20:00~23:00이 900엔, 23:00~07:00가 1,020엔. 경험자 우대 (미경험자 가능). 관심 있는 분은 03-3111-1333 (담당 : 기무라)에게

예제 3

당신은 명함을 받으면 어떻게 할 것인가. 명함지갑 속에 계속 넣어둔다는 사람도 있고, 50음도 순으로 파일링한다는 사람도 있을 것이다. 좀 꼼꼼한 사람이라면 명함 뒤에 만난 날짜와 장소, 그때의 모임의 이름 등을 써넣기도 한다. 제대로 정리하는 것도 중요하지만, 우선 그날 중으로 명함을 준 사람에게 메일을 보내는 것이 좋다. 어떠한 간단한 것이라도 좋다. 그렇게 함으로써 당신과 상대방의 관계가 훨씬 가까워지는 것이다.

예제 4

계산대 앞에서 줄 서 있을 때 눈앞에 있는 상품을 서둘러서 장바구니 안에 넣은 적은 없습니까? 그것은 당신의 의사뿐만 아니라, 그 가게의 전략이라는 것을 알아 두세요. 계산대 앞에는 건전지와 껌, 영양 드링크 등 살 예정은 아니었는데, 무심코 사 버리기 쉬운 것이 정말 많이 진열되어 있습니다. 가게가 나쁘다고 말하고 있는 것은 아닙니다. 다만, 계산대 앞에서는 그것이 정말 사야만 하는 것인지, 다시 한번 생각하는 버릇을 들이는 편이 좋을지도 모르겠습니다.

예제 5

가족과 떨어져서 생활하는 학생이 이용하는 주거지 가운데 학생 기숙사가 있다. 학생 기숙사는 방범 시스템이 갖춰져 있기도 하고, 식사가 제공되기도 하고, 더욱이 요금도 저렴해 아파트에서의 자취 생활에 비해 인기가 높다.
많은 이점 중에서도 부모님들에게 가장 인기인 것이 규칙적인 생활을 보낼 수 있다는 것이다. 기숙사에서는 학습 시간과 통금 시간이 정해져 있어, 정해진 시간을 지키지 못하면 쫓겨나게 된다. 그 때문에, 학생 중에는 그러한 규칙을 갑갑하다고 느끼는 사람도 있는 것 같다.
그러나 학생의 본분으로 말할 것 같으면 공부를 하는 것이다. 생활 시간이 제대로 정해져 있으면, 놀러 다닌다거나 설렁설렁 보내거나 하여 공부를 못 하게 되거나 하지 않을 것이다. 부모들이 학생 기숙사를 선택하는 것에는 자신의 자녀에게 공부를 해주었으면 좋겠다는 바람이 깃들어져 있는 것이다.

(주1) メリット : 좋은 점, 이점
(주2) 規則正しい : 계획적인, 제대로 된
(주3) 追い出されて : 여기에서는 기숙사에 있을 수 없게 되어서
(주4) 窮屈 : 여기에서는 자유가 없어서 답답한 것

독해의 비결

❷ 독해에 꼭 필요한 접속 표현과 문말 표현

✦ 독해 문제를 풀 때는 문말 표현과 접속 표현을 이해하는 것이 가장 중요하다.
여기에서는 N3레벨에서 꼭 외워두어야 하는 접속어를 정리했다.

접속표현

それで	순접	그래서
	예문	今朝は、電車が人身事故で止まってしまって。それで、遅れてしまいました。 오늘 아침에는 전철이 인사 사고로 멈춰 버려서. 그래서 늦었습니다.
すると	순접	그러자
	예문	プレゼントにもらった箱を開けてみた。すると、中にはチョコレートがいっぱい詰まっていた。 선물로 받은 상자를 열어 봤다. 그러자 속에는 초콜릿이 가득 들어 있었다.
したがって	순접	따라서
	예문	日本は食料自給率が非常に低い。したがって、輸入に頼るほかない。 일본은 식재료 자급률이 상당히 낮다. 따라서 수입에 의존할 수밖에 없다.
それから	순접	그래서, 그리고 나서
	예문	映画の前売り券を買おうとしたら、既に売り切れだった。そこで、仕方なく当日券を買うことにした。 영화 예매권을 사려고 했더니 이미 매진이었다. 그래서 하는 수 없이 당일권을 사기로 했다.
ところが	역접	그러나
	예문	今回の商品は、あまり自信作ではなかった。ところが、消費者の反応は意外とよかった。 이번 상품은 그다지 자신 있는 작품은 아니었다. 그러나 소비자의 반응은 의외로 좋았다.
それでも	역접	그런데도, 그래도, 그러나
	예문	最近は、新しい技術がどんどん開発されている。それでも、昔のやり方を捨てられない人もいる。 요즘은 새로운 기술이 점점 개발되고 있다. 그렇다 하더라도 옛날 방식을 못 버리는 사람도 있다.

ともかく	순접 어쨌든, ~은/는 차치하고	
	예문 言うつもりはありません。とにかく、早く終わらせていただきたいのです。 이것저것 말할 생각은 없습니다. 어쨌든 빨리 끝내고 싶을 뿐입니다.	
それなのに	역접 그런데, 그럼에도	
	예문 この料理は、材料費も手間もほとんどかかりません。それなのに、こんなにおいしいのです。 이 요리는 재료비도 손도 많이 가지 않습니다. 그럼에도 이렇게 맛있답니다.	
そのうえ	병렬·선택 게다가	
	예문 最新の携帯電話は、画質のいい写真が撮れたり、インターネットが出来たりする。そのうえ、カーナビゲーションにまでなるから驚きだ。 최신 휴대전화는 화질이 좋은 사진을 찍을 수도 있고 인터넷도 할 수 있다. 게다가 내비게이션까지 되다니 놀랍다.	
さて	화제전환 그럼	
	예문 今まで、第一部についてお話しました。さて、この辺で休憩をさせていただきたく思います。 지금까지 제 1부에 대해서 말씀드렸습니다. 그럼, 이쯤에서 휴식을 하겠습니다.	
ところで	화제전환 그런데	
	예문 この報告書、よくまとまってるね。ところで、この間の件はどうなった？ 이 보고서, 잘 정리되어 있네. 그런데 얼마 전의 건은 어떻게 되었어?	
すなわち	화제전환 즉	
	예문 彼は、肉類を一切食べない。すなわち、ベジタリアンなのである。 그는 육류를 일절 먹지 않는다. 즉, 채식주의자이다.	

독해의 비결

ちなみに	**설명** 덧붙여서 말하면, 이와 관련하여	
	예문 私の家には、油絵があちこちに飾られている。ちなみに、その絵を描いたのは私の父だ。 우리 집에는 유화가 여기 저기 장식되어 있다. 덧붙이자면 그 그림을 그린 사람은 우리 아버지다.	
ただし	**설명** 단	
	예문 このコンテストには、誰でも応募できる。ただし、同コンテストで入賞歴のある者を除く。 이 콘테스트는 누구나 응모할 수 있다. 단, 동 콘테스트에서 입상 경력이 있는 사람은 제외한다.	
要するに	**결론** 요컨대, 결국	
	예문 レポートを見せると、教授は笑って親指を立てて見せた。要するに、合格ということだ。 리포트를 보여 주자 교수님은 웃으면서 엄지손가락을 세워 보였다. 요컨대 합격이라는 뜻이다.	

문말표현

～ではないか ～ではないだろうか	**의미** ～것은 아닌가(아닐까)	
	예문 会議では批判ばかりではなく、前向きな意見を出すべきではないだろうか。 회의에서는 비판뿐만 아니라 긍정적인 의견을 내야 하는 것이 아닌가.	
～と思われている ～と考えられている ～と言われている	**의미** ～(이)라고 여겨지고 있다	
	예문 人類は、アフリカ大陸で誕生したと考えられている。 인류는 아프리카 대륙에서 탄생했다고 여겨지고 있다.	
～にちがいない	**의미** ～임에 틀림없다	
	예문 この建物は、何か歴史があるに違いない。 이 건물은 뭔가 역사가 있음에 틀림없다.	

〜ないわけじゃない	의미	〜하지 않는 것은 아니다
	예문	好きじゃないと言っても、まったく食べないわけじゃない。 좋아하지 않는다고 해도, 전혀 먹지 않는 것은 아니다.
〜とは限らない	의미	〜할 수는 없다
	예문	有名な料理だからといって、全ての人にとっておいしいとは限らない。 유명한 요리라고 해도 모든 사람에게 있어서 맛있을 수는 없다.
〜てはいけない	의미	〜해서는 안 된다
	예문	ここでは、タバコを吸ってはいけない。 여기서는 담배를 피우면 안 된다.
〜てほしい 〜てもらいたい	의미	〜하길 바란다
	예문	子どもたちには元気に育ってほしい。 아이들에게는 건강하게 자라 주길 바란다.
〜ように	의미	〜하도록
	예문	明日は必ず取引先にメール送るように。 내일은 반드시 거래처에 메일을 보내도록.
〜からだ	의미	〜때문이다
	예문	このコーヒーが人気なのは、香りがいいからだ。 이 커피가 인기인 것은 향이 좋기 때문이다.
〜か	의미	〜까 ★「〜だろう(か)(〜일까)」 대신에 「〜か(〜까)」가 사용되는 경우도 있다. 　바로 뒤에는 필자가 준비한 답이 있다.
	예문	試験に1回で合格するにはどうしたらいいか。 시험에 한 번에 합격하려면 어떻게 해야 좋을까?

~だろう(か)	의미	~이겠지, ~일까 [의문] ★ 문장 속에서 문제를 제기하거나 필자가 의문으로 생각하는 것을 나타 내는 표현으로, 보통 바로 뒤에 필자가 준비한 답이 있다.
	예문	夕日がこんなに美しいのはどうしてだろうか。 석양이 이렇게나 아름다운 것은 어째서일까?
お・ご~ください	의미	~해 주십시오
	예문	来週の金曜日までにお申し込みください。 다음 주 금요일까지 신청해 주세요.

問題 4 ▶ 내용이해(단문)

문제유형 **내용이해(단문)**

생활·업무 등의 여러 화제와 설명문이나 지시문 등 150~200자 정도의 글을 읽고, 내용을 이해하였는가를 묻는 문제이다.

포인트

① 〈問題4〉에서는 주로 글의 요지를 이해할 수 있는 능력을 측정한다. 문제에 들어가기 전에 질문문을 확실하게 읽고, 묻고 있는 것을 정확하게 이해하는 것이 중요하다.

② 독해 문제에서는 시간 배분도 중요한 기술이다. 〈問題4〉와 같은 단문 문제에서 필요 이상의 시간을 쓰지 않도록 주의하자.

학습요령

출제되는 문장은 일상생활과 관련된 것이 많고, 간단한 비즈니스 문장 등도 출제된다.

① 〈問題4〉에서 출제되는 비즈니스문은 필요한 내용만을 재빠르게 읽어내는 능력이 요구된다. 묻고 있는 내용이 본문의 어느 부분에 있을지에 대한 패턴을 미리 파악해두는 것이 중요하다. 메일이든 편지든 「お世話になります」, 「ご無沙汰しております」와 계절 인사 다음에 그 글에서 가장 말하고 싶은 내용이 오는 경우가 많다.

② 〈問題7〉과 같은 형식의 「정보검색」능력을 묻는 문제가 출제되는 경우도 있다. 하지만, 〈問題7〉과는 달리, 모두 문장으로 되어 있기 때문에 어디를 읽으면 좋을지를 판단하기 어렵다. 선택지 안에 나오는 단어가 본문의 어디에 있는지를 찾아 표시를 하고, 문장 전후를 주의깊게 읽으면 쉽게 답을 찾을 수 있다.

問題4 つぎの(1)から(4)の文章を読んで、質問に答えなさい。答えは、1・2・3・4から最も
よいものを一つえらびなさい。

(1) これは、スーパーにはってある案内です。

あしたから3日間、スーパー「Xマート」では、「ありがとう特別セール」を行います。

いつも、1セット(3本入り)500円のジュースは、もう2本つけて、同じねだんで売ります。また、1本120円のぎゅうにゅうが100円になります。

さらに、1,000円以上、買っていただいたおきゃくさまは、ぜんぶを合計したねだんから200円安くなります。どうぞ、ごりようください。

---

1 ジュースを3セット、ぎゅうにゅうを3本買います。いくら、はらいますか。

    1   1,100円
    2   1,600円
    3   1,660円
    4   1,800円

(2) これは、病院にはってある案内です。

受け付け時間が変わります

　9月から、病院の受け付け時間が変わります。月・火・水・金は、30分早くなり、午前8時30分からとなります。終わる時間はそのまま、午後5時までです。木曜日は、今までどおり午前中だけ受け付けます。時間も今までと同じで、午前9時から午後12時半までです。また、今は土曜日はお休みですが、9月からは第2、第4土曜日にも病院を開きます。ただし、時間は午前9時から午後2時までですので、ご注意ください。

はるかぜ病院

2　9月5日(第一土曜日)に病院へ行きたい人はどうしたらいいですか。

1　午前8時半から午後5時までのあいだに病院へ行く。
2　午前9時から午後12時半までのあいだに病院へ行く。
3　午前9時から午後2時までのあいだに病院へ行く。
4　その日は病院が開いていないので、行けない。

(3) つぎは、山田さんがアレナさんに送ったメールです。

To：アレナさん
From：山田たかこ

こんにちは。毎日暑いですね。

さて、来月18日、アンジェリーナ・モローがうちの大学でピアノのコンサートをします。

アレナさん、この人好きでしたよね。

うちの大学の学生なら、チケットを半分のねだんで買えるので、もし行きたければ買って送りますよ。

わたしもいっしょに行ければいいんだけど、その日は用事があって行けません。

もし友だちもいっしょに行くなら、なんまいほしいか教えてください。

ねだんは1まい2500円です。

---

3 アレナさんは、このメールを読んだあとに何をしなければなりませんか。

1 山田さんに電話をして、いつコンサートに行くのか決める。

2 山田さんにメールをして、チケットを買うのかどうか伝える。

3 大学に電話をして、チケットが何枚欲しいのかを知らせる。

4 大学にメールをして、チケットを半分のねだんで買えるのか聞く。

(4)

　あいさつは、日本人にとても大切にされています。どこの国の人でも、知っている人に会ったときは「こんにちは」と、あいさつをするでしょう。しかし、日本人は、山などでは、知らない人に会ったときにもあいさつをします。知らない人にぶつかりそうになったときも「すみません」と言います。それだけではありません。日本人は、一人でいても、食事の前と後には、必ず「いただきます」「ごちそうさま」と言うのです。

4　日本人のあいさつではないものはどれですか。

1　知っている人に会ったときに、「こんにちは」と言う。
2　知らない人にぶつかられたときに、「すみません」と言う。
3　一人でご飯を食べるときに、「いただきます」と言う。
4　ご飯を食べ終わったときに、「ごちそうさま」と言う。

問題4 つぎの(1)から(4)の文章を読んで、質問に答えなさい。答えは、1・2・3・4から最も
　　　よいものを一つえらびなさい。

(1)

　　今年の冬は例年に比べて特に乾燥しています。空気が乾燥しているときは火事
が起こりやすいので、火のもとには十分気をつけましょう。

　　火事の原因になりやすいものとして、ガスコンロ、タバコ、ストーブがあげら
れます。特にガスコンロに関しては料理中の事故が一番多いので、料理をしてい
るときは火のそばをはなれないようにしましょう。タバコは、寝タバコや吸いが
らのポイ捨てが火事を引き起こします。また、ストーブの消し忘れも大きな原因
です。これらに十分注意して火災防止につとめましょう。

(注1) 寝タバコ：ふとんやベッドの中でタバコを吸うこと

(注2) 吸いがら：吸い終わったタバコ

(注3) ポイ捨て：ごみを道などに捨てること

1　この文章で、気をつけるように言っていることは何か。

　1　ストーブをつけているときは、こまめに換気をしなくてはならない。
　2　空気が乾燥しないように、湿度を上げる工夫をしなくてはならない。
　3　タバコを吸いたくても、決められた場所でなければ吸ってはいけない。
　4　火を使った料理をしているときは、その場をはなれてはいけない。

(2)

　最近は、コンピューターが使えたり、外国語が話せたり、社会に出てすぐに役に立つ能力を身につけることが大事にされている。そのため、多くの高校でこれらの授業が行われている。一方で、古典や歴史などの科目は役に立たないから勉強する必要がないと言う人も増えているそうだ。しかし、コンピューターや外国語の学習以外に、他の科目も重要であることは変わらない。学校ではこれらをバランスよく学習させる工夫が必要だろう。

2　この文章では、学習についてどのように言っているか。

1　コンピューターや外国語の学習は、他の科目より役に立つ。
2　コンピューターや外国語の学習より、他の科目の方が大事だ。
3　社会ですぐに役に立つ科目と同じように、他の科目の学習も大事だ。
4　古典や歴史などの科目は、実際の社会では必要ない科目だ。

(3)

> ### さくら区民マラソン参加者募集
>
> 　日時は20XX年11月7日（日）、スタート・集合場所はさくら公園となります。コースは、大人（大学生以上）は20km、10km、5km、3km、中学生・高校生は10km、5km、3km、小学生は5km、3kmです。男女は問いません。
>
> 　お申し込みの際は、はがきに希望コース、氏名、住所、電話番号、年齢をお書きの上、下記住所までお送りください。
>
> ※お申し込みは、1枚のはがきに1人までとさせていただきます。
>
> ※しめ切りは、10月1日(金)(当日消印有効)です。
>
> 〒110-2233　東京都さくら区桜台1-1-5
>
> 　　　　さくら区役所地域振興課区民マラソン係

3 マラソン大会に参加する方法として、あっているものはどれか。

1　23歳の男性と同い年の恋人が、3kmコースに1枚のはがきで申し込んだ。

2　40代の会社員仲間3名が、10kmコースに1枚のはがきで申し込んだ。

3　65歳の男性が、友人と20kmコースに別々のはがきで申し込んだ。

4　10歳の少年と父親が、10km コースに別々のはがきで申し込んだ。

(4)

下の手紙は、小学校が生徒の保護者に送ったものである。

20XX年 9月 26日

保護者様　各位

高田小学校

校長　横田喜一

拝啓

いつも高田小学校にご理解とご協力をいただき、ありがとうございます。

さて、高田小学校ではこのたび作品展を開くことになりました。絵画や習字、粘土等の作品だけでなく、授業中の様子をおさめた写真展や、生徒たちの普段の姿をうつしたビデオなどもお見せする予定でおります。皆さまには、ぜひお越しいただき、生徒たちの学校での様子をご覧いただけたらと存じます。

---

4 この手紙では、作品展で何をすると言っているか。

1　生徒たちの写った写真を展示する。
2　生徒たちの作った作品を販売する。
3　生徒たちと保護者が一緒にビデオを撮る。
4　生徒たちと保護者が一緒に作品を作る。

問題4 つぎの(1)から(4)の文章を読んで、質問に答えなさい。答えは、1・2・3・4から最も
よいものを一つえらびなさい。

(1)

　部屋を片付けるのが苦手な人は、物を持ちすぎていることが多い。片付けるポイントは、物に指定の置き場所を作ること。使ったらすぐその場所にもどすようにすれば、あちこちに散らかることもなくなる。また、その場所のためのスペースを作るには、いらない物を捨てることも必要だ。自分の部屋に入る分だけを、見やすく、出しやすくしまうこと。こうすれば、足りない物もすぐわかるし、同じような物を買ったりするむだな買い物も防げるだろう。

1 部屋を片付けるためには、どうすればいいと言っているか。

1　いらない物を持たないで、物を置くところを決める。
2　同じ物を買ったりする、むだな買い物をしない。
3　スペースを作るために、できるだけ物を捨てる。
4　むだな物を捨てて、いつもきれいに掃除をする。

(2)

　家で食事のとれない現代人は、生命を維持するために必要な栄養が不足しがちである。その不足した栄養を補うために作られたのが、サプリメントだ。サプリメントは手軽で便利だが、中には、ただ飲めばいいとかん違いしている人も少なくない。サプリメントは、飲みすぎるとほかの栄養を壊してしまったり、たくさん飲んでも、あるほかの食品と一緒にとらないとたいして効果がなかったりする。しかし、間違った飲み方のために、<u>無駄に飲んでいる</u>人が大勢いるのが現状なのだ。

2　<u>無駄に飲んでいる</u>とあるが、それはどうしてか。

1　毎日サプリメントを飲んでも、効果は期待できないから。
2　正しく飲んでいないために、本来の効果が得られないから。
3　サプリメントを買って飲むのにはお金と努力が必要だから。
4　サプリメントをいくら飲んでも、栄養は不足するものだから。

(3)

~安全な一人暮らしのために注意しましょう~

○ 家に帰ってドアを開けるときに

　一人暮らしをしていることがわかると危険です。まるで家族が待っているように「ただいま〜」と言いながらドアを開けるようにしましょう。ほかにも、ドアを開ける前にベルを押し、誰かを訪ねてきたようにするのも効果があります。

○ 泥棒にあったら

　もしも、部屋の中に泥棒がいたらどうしますか？ 例えば、マンションやアパートでは、泥棒の逃げる道は玄関のドア、または窓しかありません。早く泥棒が逃げられるようにし、また、追いかけないようにしましょう。

3 この文章で一人暮らしの人が安全のためにした方がいいと言っていることはどれか。

1　家に遅く帰るときは、家族に部屋で待っていてもらうようにする。
2　危ないときにはすぐ逃げられるように、ドアや窓を閉めないようにする。
3　泥棒にあったら早くドアを閉めて、泥棒が逃げられないようにする。
4　家に入るときには、家の中に誰か他の人がいるふりをするようにする。

(4)

20XX年 9月 26日

JKLコーポレーション
営業部　御中

やまと株式会社
田村

前略
　先日は、来年度のカレンダーのカタログを送っていただき、ありがとうございました。社内でカタログを拝見し、検討させていただいたのですが、「ミニカレンダー（32番）」が良いとの声が多くありました。ぜひ、こちらを3セット見本として送っていただけないでしょうか。新年に、お客様に配るカレンダーとしての利用を検討させていただきたいと思います。どうぞよろしくお願いいたします。

4 この手紙の中の会社について、正しいのはどれか。

1 「やまと株式会社」は「JKLコーポレーション」にカタログの見本をもらった。
2 「JKLコーポレーション」は、新年に配るカレンダーの種類を検討している。
3 「やまと株式会社」は、来年度にお客様にカレンダーを配ろうと思っている。
4 「JKLコーポレーション」は「やまと株式会社」にカタログを3セット送った。

확인문제 1

문제 4 다음 (1)~(4)의 글을 읽고 질문에 답하세요. 답은 1・2・3・4에서 가장 적당한 것을 하나 고르세요.

(1)

이것은 슈퍼마켓에 붙어 있는 안내입니다.

내일부터 3일간 슈퍼 (X마트)에서는 〔감사 특별세일〕을 실시합니다.

늘 한 세트(3개 들이) 500엔 하는 주스는 2개 더 붙여서 같은 가격으로 팝니다. 또한, 1개에 120엔 하는 우유가 100엔이 됩니다. 게다가 1,000엔 이상 구입한 고객님은 전부를 합한 가격에서 200엔 싸집니다.

부디 이용해 주십시오.

> **어휘** 特別 특별 | セール 세일 | 行う 행하다, 실시하다 | セット 세트 | つける 붙이다 | 同じだ 같다 | ねだん 가격 | 売る 팔다 | ぎゅうにゅう 우유 | さらに 그 위에, 더욱더 | 買う 사다 | お客様 손님 | 全部 전부 | 合計 합계 | 安い 싸다 | 利用 이용

1 주스를 3세트, 우유를 3개 샀습니다. 얼마를 지불합니까?
  1 1,100엔
  2 1,600엔
  3 1,660엔
  4 1,800엔

정답 2

해설 주스 3세트 → 500엔 × 3 = 1,500엔
우유 3개 → 100엔 × 3 = 300엔
1,500엔 + 300엔 = 1,800엔
⇒ 1,000엔 이상 구입하면 200엔 싸지니깐 1,600엔

(2)

이것은 병원에 붙어 있는 안내입니다.

접수 시간이 바뀝니다

9월부터 병원 접수 시간이 바뀝니다. 월, 화, 수, 금은 30분 빨라져, 오전 8시 30분부터가 됩니다. 끝나는 시간은 그대로 오후 5시까지입니다. 목요일은 지금처럼 오전만 접수합니다. 시간도 지금까지와 같고, 오전 9시부터 오후 12시 반까지입니다. 또한, 9월부터는 매월 2번째, 4번째 토요일도 병원을 엽니다. 단, 시간은 오전 9시부터 오후 2시까지이므로, 주의하십시오.

> **어휘** 病院 병원 | 受け付け 접수(처) | 時間 시간 | 変わる 바뀌다, 변하다 | 終わる 끝나다 | 毎月 매달 | 午前 오전 | 午後 오후 | 注意 주의

2 9월 5일(첫째 주 토요일)에 병원에 가고 싶은 사람은 어떻게 하면 됩니까?
  1 오전 8시 반부터 오후 5시까지의 사이에 병원에 간다.
  2 오전 9시부터 오후 12시 반까지의 사이에 병원에 간다.
  3 오전 9시부터 오후 2시까지의 사이에 병원에 간다.
  4 그날은 병원이 열지 않기 때문에 갈 수 없다.

정답 4

해설 이 병원은 9월부터 토요일에도 진료를 하지만 2, 4번째 토요일에 병원을 열겠다고 한다. 그런데 5일은 첫 번째 토요일이므로 해당되지 않는다.

(3)

다음은 야마다 씨가 아레나 씨에게 보낸 메일입니다.

TO : 아레나 씨
FROM : 야마다 타카코

안녕하세요. 매일 덥네요.
그런데, 다음 달 18일 안젤리나 모로가 우리 대학에서 피아노 콘서트를 합니다.
아레나 씨, 이 사람 좋아했었죠?
우리 대학 학생이면 티켓을 반 가격으로 살 수 있기 때문에 혹시 가고 싶다면
사서 보내겠습니다.
저도 함께 갈 수 있다면 좋겠지만 그 날은 볼일이 있어 갈 수 없습니다.
혹시 친구도 함께 간다면, 몇 장이 필요한지 알려 주세요.
가격은 1장에 2,500엔입니다.

어휘 毎日 매일 | 暑い 덥다 | さて 그런데 | ピアノ 피아노 | コンサート 콘서트 | 半分 반 | ねだん 가격 | もし 혹시, 만약 | 送る 보내다 | 一緒に 함께 | 用事 볼일, 용무 | ほしい 원하다 | 教える 가르치다 | ～まい ～장

3 아레나 씨는 이 메일을 읽은 후 무엇을 해야 합니까?
　1 야마다 씨에게 전화를 해서 언제 콘서트에 갈지 정한다.
　2 야마다 씨에게 메일을 해서 티켓을 살지 안 살지 전달한다.
　3 대학에 전화를 해서 티켓이 몇 장 필요한지 알린다.
　4 대학에 메일을 해서 티켓을 반 가격으로 살 수 있는지 묻는다.

정답 2

해설 아레나 씨가 콘서트에 갈지 말지(티켓을 살지 말지), 친구도 간다면 몇 장이 필요한지 야마다 씨에게 말하면 되므로 2번이 정답이다.

(4)

인사는 일본인에게 아주 소중하게 여겨지고 있습니다. 어느 나라 사람이라도 알고 있는 사람과 만났을 때는 "안녕하세요"라고 인사를 할 겁니다. 그러나 일본인은 산 같은 곳에서는 모르는 사람을 만났을 때도 인사를 합니다. 모르는 사람과 부딪칠 것 같을 때도 "죄송합니다"라고 말합니다. 그 뿐만이 아닙니다. 일본인은 혼자 있어도 식사 전후에는 반드시 "잘 먹겠습니다" "잘 먹었습니다"라고 말합니다.

어휘 あいさつ 인사 | 大切に 소중하게, 중요하게 | 知る 알다 | 会う 만나다 | ぶつかる 부딪치다 | 食事 식사 | 必ず 반드시

<pre>
  4 일본인의 인사가 아닌 것은 어느 것입니까?
     1 아는 사람을 만났을 때 "안녕하세요"라고 한다.
     2 모르는 사람과 부딪쳤을 때 "죄송합니다"라고 한다.
     3 혼자서 밥 먹을 때 "잘 먹겠습니다"라고 한다.
     4 밥을 다 먹었을 때 "잘 먹었습니다"라고 한다.
</pre>

정답 2

해설 일본인은 모르는 사람과 부딪칠 때가 아니고 부딪칠 것 같을 때 '죄송합니다'라고 말하므로 2번은 아니다.

확인문제 2

문제 4 다음 (1)~(4)의 글을 읽고 질문에 답하세요. 답은 1·2·3·4에서 가장 적당한 것을 하나 고르세요.

(1)

올해 겨울은 예년에 비해 특히 건조합니다. 공기가 건조할 때는 화재가 일어나기 쉽기 때문에 불이 있는 곳은 충분히 주의합시다. 화재의 원인이 되기 쉬운 것으로서 가스렌지, 담배, 스토브를 들 수 있습니다. 특히 가스렌지에 관해서는 조리 중 사고가 가장 많기 때문에 요리를 하고 있을 때는 불 주위를 떠나지 않도록 합시다. 담배는 잠자리에서의 담배와 담배꽁초의 무단투기가 화재를 일으키고 있습니다. 또한, 스토브 끄는 것을 잊어버리는 것도 큰 원인입니다. 이와 같은 것들을 충분히 주의하여 화재 방지에 노력합시다.

(주1) 寝タバコ : 이불이나 침대 속에서 담배를 피우는 것
(주2) 吸いがら : 다 핀 담배
(주3) ポイ捨て : 쓰레기를 길 등에 버리는 것

> **어휘** 例年 예년 | 特に 특히 | 乾燥 건조 | 空気 공기 | 火事 화재 | 原因 원인 | 吸う 피우다, 빨다 | 捨てる 버리다 |
> 引き起こす 일으키다 | 消し忘れ (끄는 것을) 잊어버림 | 火災防止 화재 방지

<pre>
  1 이 글에서 주의하도록 말한 것은 무엇인가?
     1 스토브가 켜져 있을 때는 자주 환기를 해야 한다.
     2 공기가 건조하지 않도록 습도를 올릴 궁리를 해야 한다.
     3 담배를 피우고 싶어도 정해진 장소가 아니면 피워서는 안 된다.
     4 불을 사용하는 음식을 만들 때는 그 곳을 떠나서는 안 된다.
</pre>

정답 4

해설 「気をつけること(주의해야 할 것)」에 대해 묻는 문제이다. 첫 단락에서 '불이 있는 곳'을 주의하자고 했고, 여기서 「火のもと」는 「火事の原因」 즉, 「ガスコンロ·タバコ·ストーブ」 등을 가리킨다. 그 다음 문장 「特にガスコンロに~ようにしましょう」에서 화재의 원인이 되는 것은 4번이라는 것을 알 수 있다.

(2)

최근에는 컴퓨터를 사용할 수 있거나 외국어를 할 수 있거나(하는), 사회에 나가서 바로 도움이 되는 능력을 익히는 것이 중요하게 여겨지고 있다. 그래서 많은 고등학교에서 이러한 수업을 하고 있다. 한편, 고전이나 역사 등의 과목은 도움이 되지 않기 때문에 공부할 필요가 없다고 하는 사람도 늘고 있다고 한다. 하지만, 컴퓨터나 외국어 학습 이외에 다른 과목도 중요하다는 사실은 변하지 않는다. 학교에서는 이러한 과목을 균형 있게 학습시킬 아이디어가 필요할 것이다.

> **어휘** 最近 최근 | 使う 사용하다 | 外国語 외국어 | 役に立つ 도움이 되다 | 能力 능력 | 身につける 익히다 | 大事だ 중요하다, 소중하다 | 授業 수업 | 行う 행하다 | 一方 한편 | 古典 고전 | 歴史 역사 | 科目 과목 | 増える 늘어나다, 증가하다 | 学習 학습 | 以外 이외 | 他 이 외, 그 밖 | 重要 중요 | 変わる 바뀌다, 변하다 | バランス 밸런스 | 工夫 궁리, 아이디어

2 이 글에서는 학습에 대해서 어떻게 말하고 있는가?
1 컴퓨터나 외국어 학습은 다른 과목보다 도움이 된다.
2 컴퓨터나 외국어 학습보다 다른 과목이 더 중요하다.
3 사회에서 바로 도움이 되는 과목과 마찬가지로 다른 과목의 학습도 중요하다.
4 고전이나 역사 등의 과목은 실제 사회에서는 필요 없는 과목이다.

정답 3

해설 여기서 필자의 생각이 요약된 문장은 「しかし」라는 접속사 다음에 나와 있는 문장이다. '컴퓨터나 외국어 학습 이외에 다른 과목도 중요하다는 사실은 변하지 않는다. 학교에서는 이러한 과목을 균형 있게 학습시킬 아이디어가 필요할 거라고 말하고 있으므로, 정답은 3번이다. 컴퓨터나 외국어가 사회에 나가면 바로 도움이 된다고는 말하고 있으나, 다른 과목보다 더 도움이 된다고는 하지 않았으므로 1번은 오답, 2번은 다른 과목이 더 중요하다고는 하지 않았으므로 오답, 4번 본문에 없는 내용이므로 오답이다.

(3)

사쿠라 구민 마라톤 참가자 모집

일시는 20XX년 11월 7일(일), 출발·집합 장소는 사쿠라 공원입니다. 코스는 어른(대학생 이상)은 20km, 10km, 5km, 3km, 중학생·고등학생은 10km, 5km, 3km, 초등학생은 5km, 3km입니다. 성별은 묻지 않습니다.
신청하실 때에는 엽서에 희망 코스, 성명, 주소, 전화번호, 연령을 쓰신 후에 아래 주소로 보내주세요.
※ 신청은 1장의 엽서에 1명까지로 합니다.
※ 마감일은 10월 1일(금)(당일 소인 유효)입니다.
〒110 − 2233 도쿄도 사쿠라구 사쿠라다이 1−1−5
　　　　　　사쿠라구청 지역진흥과 구민 마라톤 담당자

> **어휘** 参加者 참가자 | 募集 모집 | 日時 일시 | 場所 장소 | 申し込み 신청 | 希望 희망 | 年齢 연령 | しめ切り 마감(일)

3 마라톤 대회에 참가하는 방법으로 맞는 것은 무엇인가?
   1 23세의 남성과 동갑인 연인이 3Km 코스에 1장의 엽서로 신청했다.
   2 40대 회사원 동료 3명이 10Km 코스에 1장의 엽서로 신청했다.
   3 65세 남성이 친구와 20Km 코스에 각각의 엽서로 신청했다.
   4 10세 소년과 아버지가 10Km 코스에 각각의 엽서로 신청했다.

정답 3

해설 선택지에서 요구하는 정보를 정리하면 나이, 인원수, 거리, 신청엽서 개수 등으로 정리된다. 따라서 본문 안에 있는 정보와 하나씩 조회하면서 ○, ×형식으로 풀어나간다. 1, 2번은 신청자 수에 따른 엽서 개수에서 틀렸으므로 정답이 될 수 없고, 4번 10세 소년은 초등학생 신분으로 10km의 코스가 없으므로 잘못된 서술이다. 따라서 3번이 정답이다.

(4)

아래 편지는 초등학교에서 학생의 보호자에게 보내는 것이다.

20XX년 9월 26일

보호자 여러분께

다카다 초등학교
교장 요코타 요시카즈

삼가 아룁니다.
언제나 다카다 초등학교에 이해와 협력을 해주셔서 감사합니다.
다름이 아니오라, 다카다 초등학교에서는 이번에 작품전을 열기로 하였습니다. 회화와 서예, 점토 등의 작품뿐만 아니라 수업 중의 모습을 담은 사진전과 학생들의 평소 모습을 담은 비디오 등도 보여 드릴 예정입니다. 여러분께서 부디 와 주셔서 학생들의 학교에서의 모습을 봐 주셨으면 합니다.

> **어휘** 保護者 보호자 | 各位 많은 사람들을 대상으로 한 사람 한 사람 올려 부르는 말 |
> 拝啓 '삼가 아룁니다'라는 의미로 편지를 쓸 때의 첫 인사말 | 協力 협력 | 粘土 점토 | 姿 모습 | ご覧いただく 봐 주시다 |
> 〜と存じる 「思う」의 겸양어

4 이 편지에서는 작품전에서 무엇을 한다고 했는가?
   1 학생들이 찍힌 사진을 전시한다.
   2 학생들이 만든 작품을 판매한다.
   3 학생들과 보호자가 함께 비디오를 찍는다.
   4 학생들과 보호자가 함께 작품을 만든다.

정답 1

해설 '작품전'에서 예정되어 있는 것을 정리하면, 회화, 서예, 점토 작품, 사진 전시와 학생 활동 비디오 관람 등이다. 선택지 2번의 작품 판매에 관한 언급은 없으며, 3, 4번의 학생들과 보호자가 함께 비디오를 찍거나 작품을 만든다는 내용도 없으므로 1번이 정답이다.

문제 4 다음 (1)~(4)의 글을 읽고 질문에 답하세요. 답은 1·2·3·4에서 가장 적당한 것을 하나 고르세요.

(1)

방 정리를 잘 못하는 사람은 물건을 너무 많이 가지고 있는 경우가 많다. 정리하는 포인트는 물건에 지정된 장소를 만드는 것이다. 사용하면 바로 그 장소로 되돌려 놓으면 여기 저기에 어지럽혀지는 일도 없어진다. 또한, 그 장소를 위한 공간을 만들기 위해서는 필요 없는 물건을 버리는 것도 필요하다. 자기 방에 들어갈 양만큼을 잘 보이게, 꺼내기 쉽게 할 것. 이렇게 하면 부족한 물건도 바로 알 수 있고 똑같은 물건을 사거나 하는 헛된 소비를 막을 수 있을 것이다.

어휘 片付ける 정리하다 | 苦手だ 서투르다, 잘 못하다 | ます형 + すぎる 너무 ~하다, 지나치게 ~하다 | 指定 지정 | 戻す 되돌리다 | あちこち 여기 저기 | 散らかる 흩어지다, 널브러지다 | なくなる 없어지다, 사라지다 | スペース 스페이스, 공간 | いる 필요하다 | 捨てる 버리다 | 足りない 부족하다 | むだだ 헛되다, 쓸데 없다 | 買い物 쇼핑, 물건 사기 | 防ぐ 막다, 방지하다

1 방을 정리하기 위해서는 어떻게 하는 것이 좋다고 말하고 있는가?
1 필요 없는 물건을 지니지 않고 물건을 둘 곳을 정한다.
2 똑같은 물건을 사거나 하는 헛된 소비를 하지 않는다.
3 공간을 만들기 위해 최대한 물건을 버린다.
4 쓸데없는 물건을 버리고 항상 깨끗하게 청소를 한다.

정답 1
해설 방 정리의 포인트를 묻고 있으므로 첫 번째 줄의 「片付けるポイント(정리의 포인트는)」라는 부분의 전후를 보면 답을 찾을 수 있다. 우선 첫 번째 줄에서 방 정리를 잘 못하는 사람의 문제점으로 「物を持ちすぎていることが多い(물건을 너무 많이 가지고 있다)」라는 것을 지적하고, 방 정리의 포인트로 「物に指定の置き場所を作ること(물건에 지정된 보관 장소를 만드는 일)」라고 말하고 있다. 따라서 정답은 1번이 된다. 선택지 2번은 방 정리를 잘 하게 되고 나서 나타나는 효과를 말하고 있으므로 오답, 공간을 만들기 위해 필요 없는 물건을 버리라고 했지 최대한 버리라고는 하지 않았으므로 3번도 오답, 깨끗이 청소하라는 언급도 없으므로 4번도 정답이 될 수 없다.

(2)

집에서 식사를 할 수 없는 현대인은 생명을 유지하기 위하여 필요한 영양이 부족하기가 쉽다. 그 부족한 영양을 보충하기 위해서 만들어진 것이 영양 보조 식품이다. 영양 보조 식품은 간편하고 편리하지만, (그것을 먹는 사람들) 중에는 단순히 먹으면 좋다고 착각하고 있는 사람들도 적지 않다. 영양 보조 식품은 지나치게 먹으면 다른 영양을 훼손하거나 많이 먹어도 다른 식품과 같이 먹지 않으면 그다지 효과가 없기도 한다. 그러나 잘못된 섭취방법 때문에 쓸데없이 먹고 있는 사람들이 많은 것이 지금의 상황이다.

어휘 維持する 유지하다 | 栄養 영양 | 不足する 부족하다 | ます형 + がちだ ~하기 쉽다 | 補う 보충하다 | サプリメント 영양 보조 식품 | 手軽だ 간편하다 | 壊す 망가뜨리다 | 効果 효과 | 大勢 많은 사람 | 現状 (현)상황

2 쓸데없이 먹고 있다고 했는데 그것은 어째서인가?
　1 매일 영양보조식품을 먹어도 효과는 기대할 수 없기 때문에.
　2 올바르게 먹지 않아서 본래의 효과를 얻을 수 없기 때문에.
　3 영양보조식품을 사서 먹기 위해서는 돈과 노력이 필요하기 때문에.
　4 영양보조식품을 아무리 먹어도 영양은 부족한 법이기 때문에.

정답 2
해설　무엇을 먹고 있는가를 생각해 보면 「サプリメント(영양보조식품)」라는 것을 알 수 있으며, 따라서 밑줄 앞 문장에서 '영양 보조 식품의 잘못된 섭취 방법'이 그 이유가 된다는 것을 알 수 있다. 본문에서는 '과다 섭취'와 '다른 식품과 같이 먹지 않으면 효과 가 없음' 등을 '잘못된 섭취 방법'의 예로서 설명하고 있으므로, 2번이 정답이다.

---

(3)

~안전한 독신 생활을 위해 주의합시다~

○집에 돌아와 문을 열 때
　혼자 살고 있다는 것을 알게 되면 위험합니다. 가족이 기다리고 있는 것처럼 '다녀왔습니다'라고 하면서 문을 열도록 합시다. 이 밖 에도 문을 열기 전에 벨을 눌러서 누군가를 찾아 온 것처럼 하는 것도 효과가 있습니다.

○도둑을 만나면
　만일 방 안에 도둑이 있으면 어떻게 하겠습니까? 예를 들면 아파트나 맨션에서는 도둑이 도망갈 길은 현관문, 또는 창문밖에 없습 니다. 빨리 도둑이 도망갈 수 있도록 하고, 뒤를 쫓지 않도록 합시다.

> **어휘**　安全だ 안전하다 | 一人暮らし 혼자 삶, 독신 생활 | 注意する 주의하다 | 危険だ 위험하다 | 押す 누르다, 밀다 |
> 訪ねる 찾아가다(오다), 방문하다 | 効果 효과 | 泥棒 도둑 | 逃げる 도망가다 | 追いかける 쫓아가다

---

3 이 글에서 혼자 사는 사람이 안전을 위해서 하는 편이 좋다고 하는 것은 어느 것인가?
　1 집에 늦게 돌아갈 때는 가족에게 방에서 기다리고 있어 달라고 한다.
　2 위험할 때 바로 도망갈 수 있도록 문이나 창문을 닫지 않도록 한다.
　3 도둑을 만나면 빨리 문을 닫아서 도둑이 도망가지 못하도록 한다.
　4 집에 들어갈 때는 집안에 누군가 다른 사람이 있는 척을 하도록 한다.

정답 4
해설　글의 내용과 맞는 것을 묻는 문제이므로 전체를 다 읽어 봐야 한다. 우선 혼자 살 때의 주의사항이므로 1번은 정답이 될 수 없다. 2번은 자기가 도망가기 위한 길이 아니라 도둑이 도망갈 수 있도록 하라고 말하고 있으므로 오답이 된다. 3번도 도둑이 도망 가지 못하도록 하는 게 아니라 빨리 도망갈 수 있도록 하라고 했으므로 정답이 될 수 없다. 글의 처음 부분을 보면 「家族が待って いるように「ただいま～」と言いながらドアを開けるようにしましょう(가족이 기다리고 있는 것처럼 '다녀왔습니다'라고 하면서 문을 열도록 합시다)」라는 내용이 있으므로 4번이 정답임을 알 수 있다.

20XX년 9월 26일

JKL코퍼레이션
영업부 귀하

야마토 주식회사
다무라

전략

일전에 내년 달력의 카탈로그를 보내주신 것에 대해 감사 말씀드립니다. 사내에서 카탈로그를 보고 검토해 보았습니다만, 「미니 달력 (32번)」이 좋다는 의견이 많았습니다. 부디 이것을 3세트 견본으로 보내주실 수 있으십니까? 새해에 고객 분들께 나누어 드릴 달력으로서 이용할지 검토하려고 생각하고 있습니다. 잘 부탁드리겠습니다.

어휘 コーポレーション 코퍼레이션, 주식회사 | 営業部^{えいぎょうぶ} 영업부 | 御中^{おんちゅう} 귀중, 귀하(편지에서 상대방의 회사 이름 등의 뒤에 붙이는 말) | 株式会社^{かぶしきがいしゃ} 주식회사 | 前略^{ぜんりゃく} 전략 | 先日^{せんじつ} 일전, 요전 | カレンダー 달력 | カタログ 카탈로그 | 拝見^{はいけん}する 「見る(보다)」의 겸양어 | 検討^{けんとう}する 검토하다 | 見本^{みほん} 견본 | 配^{くば}る 배포하다, 나누어주다

4 이 편지 속의 회사에 대해서 올바른 것은 어느 것인가?
1 '야마토 주식회사'는 'JKL코퍼레이션'으로부터 카탈로그 견본을 받았다.
2 'JKL코퍼레이션'은 새해에 배포할 달력의 종류를 검토하고 있다.
3 '야마토 주식회사'는 내년에 고객에게 달력을 나누어 주려고 생각하고 있다.
4 'JKL코퍼레이션'은 '야마토 주식회사'에게 카탈로그 3세트를 보냈다.

정답 3
해설 편지나 이메일로 이루어진 글은 보낸 사람(회사)과 받는 사람(회사)을 먼저 잘 파악해야 한다. 이 문제는 '야마토 주식회사'가 'JKL코퍼레이션'에 보낸 편지이므로 '야마토 주식회사'가 'JKL코퍼레이션'에 무언가를 요구 또는 부탁하고 있음을 알 수 있다. '야마토 주식회사'는 카탈로그는 받았지만 견본은 아직 받지 않았고, 오히려 견본을 보내 달라고 하고 있으므로 1번은 오답이다. 새해에 달력을 배포할 계획이 있는 회사는 '야마토 주식회사'이므로 2번도 오답, 'JKL코퍼레이션'은 '야마토 주식회사'에게 카탈로그 3세트를 아직 보내지 않았기 때문에 4번도 정답이 될 수 없다. 글의 마지막 부분을 보면 '야마토 주식회사'가 신년에 손님에게 달력을 배포할 계획을 가지고 있음을 알 수 있으므로 정답은 3번이 된다.

내용이해(중문)

내용이해(중문)

해설, 수필 등 350자 정도의 글을 읽고 키워드나 인과관계 등을 이해하였는지를 묻는 문제이다.

포인트

언뜻 보면 정답처럼 보이는 선택지가 매우 많아 상식이나 테크닉으로 오답을 배제해 나가기 어렵다. 본문을 읽기 전에 선택지를 읽으면 오답에 현혹될 수 있기 때문에 질문과 본문을 먼저 읽도록 하자.

① 〈問題5〉에서는,

(a) 「～はどうしてか(～은/는 어째서인가?)」, 「～と～についてどのように言っているか(～와/과 ～에 대해 어떻게 말하고 있는가?)」와 같은 **이유 · 인과관계를 묻는 문제**

(b) **필자의 생각을 묻는** 「この文章を書いた人が言いたいことは何か(이 글을 쓴 사람이 말하고자 하는 것은 무엇인가?)」라는 문제

(c) **밑줄 부분에 관해 묻는** 문제 「(밑줄 부분)とあるが、どういうことか((밑줄 부분)라고 되어 있는데, 무슨 뜻인가?)」 등이 출제된다.

이런 유형들이 중복되어 출제되는 경우도 있다.

(예 : 「(밑줄 부분)はどうしてか((밑줄 부분)은 어째서인가?)」 등)

② 〈問題5〉에서는 단락을 한, 두 개 읽으면 풀 수 있는 문제가 대부분이다. 밑줄 부분이 있는 단락에 답이 있는 경우가 많기 때문에 그 부분에 주의하여 읽도록 하자. 문제는 본문 중에 나오는 내용에 대해 비교하는 문제나 필자의 생각을 묻는 문제이다. 답을 찾을 때는 질문 속에 있는 단어나 답을 이끌어내기 위해 어떤 정보가 필요한지를 체크한 뒤, 본문 속에서 그것이 쓰여 있는 부분을 밑줄 등으로 표시를 한 후 답을 찾아 나가자.

問題5 つぎの(1)と(2)の文章を読んで、質問に答えなさい。答えは、1・2・3・4から最も
よいものを一つえらびなさい。

(1)

　風邪をひいたりして熱が出たときに、私たちは薬を飲む。しかし、薬を飲まず
に食事だけで熱を下げることができるとしたら、どうだろう。
　熱に効く代表的な食事は、なんといってもおかゆだ。おかゆは消化に良く、野
菜や卵など好きなものが入れられるので、足りない栄養を補うのにいい。つぎ
に、ねぎの味噌汁も熱に良く効く。ねぎは汗をかかせる働きがあるため熱を下げ
てくれ、また汗をかいたことで失われた塩分は、味噌で補うことができる。ま
た、タンポポの根を干して乾燥させたものも、熱を下げてくれるという。それか
ら、抹茶アイスクリームだ。すっと溶けて食べやすいので、食欲のないときには
まずこれから食べるとよいだろう。
　以上のように、熱を下げるのに効果のある食べ物は実にさまざまなものがあ
る。熱が出たときには、薬ばかりに頼るのではなく、まずはこういった食べ物か
らためしてみてはどうだろうか。

1　この文章を書いた人は、薬についてどのように言っているか。

1　熱が出たら、熱に効く薬を飲んで早く治したほうがいい。
2　熱が出ても、薬はできるだけ飲まずに食事を変えたほうがいい。
3　熱を下げるための薬は、食事をとってから飲むとよく効く。
4　熱が下がってきたら、薬は飲まずにおかゆなどを食べるといい。

2 おかゆの特徴として、最も適切なものはどれか。

1 汗をかかせる働きがある。

2 消化を良くする働きがある。

3 体の熱を奪う働きがある。

4 足りない栄養を補う働きがある。

3 この文章を書いた人は、どうしてねぎの味噌汁を飲むことをすすめているのか。

1 汗をかかせる働きと、足りなくなった栄養を補う働きがあるから。

2 ねぎと味噌を一緒にとることで、より食べやすくなるから。

3 食べやすく、熱が出て食欲のないときにも簡単に食べられるから。

4 料理方法が簡単で、熱のある人でも一人ですぐに作れるから。

(2)

　近頃、商店街ではなく大型スーパーで買い物をする人が増えてきている。
　大型スーパーは、とにかく値段が安い。また、食料品や生活用品など様々な商品の支払いが、一つのレジでできるから便利である。商店街はそれぞれの店で支払いをしなければならないので不便ではあるが、店へ行くと、いつもの店員が安いものやおいしいものなどを丁寧に教えてくれる。
　それぞれいい面も悪い面もあるが、「安くて便利だから」と大型スーパーを選ぶ人は大変多い。しかし、食品事故などを防ぐためには、店と買う人が「顔の見える関係」であることが重要だという。買う人を知っていると、店は自然と安全で良いものだけを売るようになるのだ。
　ということは、最近なくなってきている商店街が、食の安全のためには理想的なのではないだろうか。私たちは、安さや便利さばかりを求めるのではなく、食の安全のために、商店街の良さをもう一度見直してみる必要があるのかもしれない。

1 大型スーパーについて、この文章で言っていることはどれか。

1　ものにもよるが、全体的に値段の安いものが多い。
2　食料品や生活用品など、どこに何があるのか探すのが難しい。
3　様々な食品の支払いが1回で済むので便利だ。
4　売り場では、何が安いのか店員が親切に教えてくれる。

2 この文章^{ぶんしょう}では、食の安全のためには何が大切だと言っているか。

1 輸入した食品^{しょくひん}は、売ったり買ったりしないこと

2 店が、客のことを考えて食品^{しょくひん}を売ること

3 客が、レジの人と知り合いになること

4 値段より、新鮮^{しんせん}かどうかに気をつけること

3 この文章^{ぶんしょう}では、商店街^{しょうてんがい}と大型^{おおがた}スーパーを比較^{ひかく}してどのように言っているか。

1 商店街^{しょうてんがい}は、大型^{おおがた}スーパーにはない良さを持っている。

2 大型^{おおがた}スーパーは、商店街^{しょうてんがい}より品が豊富^{ほうふ}なので客が多い。

3 大型^{おおがた}スーパーも商店街^{しょうてんがい}も、安全で良いものを売っている。

4 大型^{おおがた}スーパーも商店街^{しょうてんがい}も、店員は客に対して親切だ。

問題5 つぎの(1)と(2)の文章を読んで、質問に答えなさい。答えは、1・2・3・4から最も
よいものを一つえらびなさい。

(1)

　　たくさんの人が行き来する駅で、大きなかばんを持った海外からの旅行者を見
かけた。ガイドブックを片手に、とても不安そうな様子をみて、思わず「なにか
お困りですか。」と英語で声をかけた。
　　「京都へ行くホームには、どう行ったらいいの？」
　　「ああ、それなら八番ホームかな。」
　　と言いながら、「大丈夫だろうか。知らない国で、日本語もできない。ここは
人が多いし、道に迷ってしまうかもしれない。」そう思って、①「では、私につい
て来てください。」と言った。このくらいの英語ならなんとかわかる。
　　困ったとき親切にしてもらうのはうれしい。私にもそんな経験がある。イタリ
アの田舎で道に迷い、バスもタクシーも見つからなかったとき、言葉もわからな
い私に親切にしてくれたおばさんがなつかしい。あのおばさんにしてもらったよ
うに、少しは私もいいことができたかなと考えながら、②いい気分で家へ帰って
きた。

　　（注）行き来する：行ったり来たりする

1 この文章を書いた人は、何のために旅行者に声をかけたのか。
1 重い荷物を持ってあげるため
2 外国人に道案内をするため
3 旅行者を助けてあげるため
4 京都への行き方を聞くため

2 この文章を書いた人が、①「では、私について来てください。」と言った理由は何か。
1 旅行者が日本へ来たのは初めてだから。
2 旅行者と英語で話してみたかったから。
3 京都へ行くホームがどこにあるか教えて欲しかったから。
4 旅行者が八番ホームまで行けるかどうか、心配だったから。

3 ②いい気分で家に帰ってきたとあるが、どうしていい気分だったのか。
1 困ったときに親切にしてもらって、うれしかったから。
2 自分の話す英語で、外国人を案内することができたから。
3 自分も、困っている旅行者の役に立つことができたから。
4 親切にしてくれたイタリアのおばさんを思い出したから。

(2)

　1974年に日本初の店ができてから、24時間営業で便利なコンビニはどんどん利用者を増やしてきた。次々に出る新商品だけでなく、豊富なサービスも人気の理由だ。コンサートチケットの予約や宅配便の受付、公共料金の支払いなど、コンビニではいろいろなことができる。①コンビニはもう、物を売るだけの場所ではないのだ。

　ところが最近、夜遅くまで開いているスーパーなどの便利な店が増え、コンビニとこれらの店の競争が厳しくなってきた。そこで、他店に客をとられないように、一部のコンビニが始めた②新サービスが「ご用聞きサービス」だ。

　ご用聞きとは、店員が家を回って注文を聞き、商品を届けることで、昔の町の商店が行っていた。コンビニでは家は回らず、電話やインターネットで注文を受け、その商品を家に届ける。買い物に行けないお年寄りがよく利用するだけでなく、忙しい主婦にも人気が出た。次はどんなサービスができるのか、これからのコンビニも楽しみだ。

（注1）豊富な：数や種類がたくさんあること
（注2）公共料金：ガス、電気、水道の料金

1 ①<u>コンビニはもう、物を売るだけの場所ではないのだ</u>とあるが、それはどのような意味か。

1　コンビニでは、24時間いつでも買い物ができる。

2　コンビニには、新商品よりサービスのほうが多い。

3　コンビニでは、たくさんのサービスが利用できる。

4　コンビニは、次々と新しい商品を考え出している。

2 ②<u>新サービス</u>とあるが、どのようなサービスか。

1　忙しくて買い物ができない人のかわりに、買い物をするサービス

2　町内に住んでいる人の家を回って、注文を受け付けるサービス

3　買ったものを家まで運べない人のために、商品を配達するサービス

4　インターネットや電話で注文されたものを、家に届けるサービス

3 この文章では、一部のコンビニが新しいサービスを始めたのはどうしてだと言っているか。

1　町の商店が同じサービスをしていたから。

2　コンビニより便利な店が増えてきたから。

3　忙しくて買い物に行けない主婦が増えてきたから。

4　自分の店の利用客を他の店にとられたくないから。

問題5 つぎの(1)と(2)の文章を読んで、質問に答えなさい。答えは、1・2・3・4から最も
　　　よいものを一つえらびなさい。

(1)

　「毎日同じでつまらない。何か新しいことはないかな」という人におすすめなの
が、好きなテーマを選んで自分の町の地図を作ってみることだ。テーマは町の
「おいしいもの」「カフェ」「ペットの散歩コース」などいろいろある。
　テーマが決まったら、町に出て、自分で歩いて調べたことを記録していこう。
①この作業は、町の景色を写真に撮って残すのに似ている。例えば、同じ道の
写真を撮っても、きれいな花に興味がある人と、そこにある建物に興味がある人
が撮る写真は違うものになる。地図作りも同じことだ。
　いい地図を作るには、何度でも出歩き、自分の目で町を観察してみること。そ
うすれば、毎日同じで変化がないと思っていた町の中にも、今まで知らなかった
こと、おもしろいことがたくさんあることに気づくだろう。自分の町の地図が出
来上がるころには、②きっと新しい町が見えてくるはずだ。

1 ①この作業は、町の景色を写真に撮って残すのに似ているとあるが、どんな
   ところが似ているのか。
   1 自分で歩いて調べたことを記録すること
   2 作る人によって出来上がるものが違うこと
   3 最初にテーマを決めなければならないこと
   4 何度も出歩いて観察しなければならないこと

2 ②きっと新しい町が見えてくるはずだとあるが、どういうことか。
   1 地図作りをすると、今まで行ったことがない町へも行くことができる。
   2 地図作りをすると、自分の町ではない町のこともよく知ることができる。
   3 地図作りをすると、自分の町の中でいろいろな発見をすることができる。
   4 地図作りをすると、町の中に新しい知り合いをたくさん作ることができる。

3 地図を作るときに大事なことはどんなことだと言っているか。
   1 自分が興味を持つことができるテーマを選んで作ること
   2 調べたことを記録するときに写真をたくさん撮ること
   3 何度も町に出て自分でいろいろ調べてみること
   4 町の中の新しいものをたくさん見つけること

(2)

　予定がないと不安になる人がいる。先日、喫茶店で見かけた女性がそうだった。彼女はバッグのなかから赤い手帳を取り出して、しばらく眺めていた。そして突然電話をかけ始め、次々と飲み会や食事やデートの約束をして、手帳に予定を書き込んでいった。しかし、どうしても予定の埋まらない一日があるようだった。

　空白の木曜日。それが彼女には我慢できなかったらしい。最後には、いつも行っている美容院に電話をかけ、この間かけたパーマが気に入らないのでもう一度かけ直してほしい、来週の木曜日しか空いていないから木曜に予約を入れてほしいと主張し、とうとう木曜日の予定を手に入れた。彼女は、真っ黒に埋められたページを見つめて、満足そうにほほえんだ。

　一方、私の手帳は真っ白だ。正確にいうと、昨日までの過去にはいろいろ書かれているが、今日から先はまるで白紙。未来には何も書かれていない。彼女のように私も手帳を開いた。しかし、見つめても見つめても、予定は何も思い浮かばなかった。

　※　星野博美「空白の木曜日」『美女という災難』（文春文庫）

1 この文章を書いた人は、喫茶店で見かけた女性はどんな人だと言っているか。

1　とてもいそがしくて、空いている時間がない人

2　電話が好きで、話す相手がいないと不安になる人

3　髪型を変えるのが好きで、よく美容院へ行く人

4　スケジュールが埋まっていないと不安になる人

2 満足そうにほほえんだとあるが、何が満足だったのか。

1　美容院の予約ができたこと

2　木曜日の予定がなくなったこと

3　手帳の空白がなくなったこと

4　いろんな友達と約束ができたこと

3 この文章を書いた人の手帳は、どんな手帳だと言っているか。

1　いろいろ書かれているので、予定がわかりにくい。

2　何も書かれていない白いページがあちこちにある。

3　これからの予定はひとつも書かれていない。

4　手帳は持っているが、中は真っ白だ。

확인문제 1

문제 5 다음 (1)과 (2)의 글을 읽고 질문에 답하세요. 답은 1·2·3·4에서 가장 적당한 것을 하나 고르세요.

(1)

감기에 걸리거나 해서 열이 날 때 우리는 약을 먹는다. 하지만 약을 먹지 않고 식사만으로 열을 내릴 수 있다면 어떨까?

열에 효과가 있는 대표적인 식사는 뭐니뭐니해도 죽이다. 죽은 소화가 잘 되고, 야채나 달걀 등 좋아하는 것을 넣을 수 있기 때문에 부족한 영양을 보충하기에도 좋다. 다음으로 파된장국도 열을 내리는데 효과가 있다. 파는 땀을 흘리게 하는 효과가 있기 때문에 열을 내려주고 또 땀을 흘려서 잃은 염분은 된장국에서 보충할 수 있다. 그밖에 민들레 뿌리를 말려서 건조시킨 것도 열을 내려준다고 한다. 그리고 녹차 아이스크림이다. 잘 녹아서 먹기 쉽기 때문에 식욕이 없을 때에는 우선 이것부터 먹으면 좋을 것이다.

이와 같이 열을 내리는데 효과가 있는 음식은 실로 다양하다. 열이 날 때에는 약에만 의존하지 말고 우선은 이러한 음식부터 시험해 보는 것은 어떨까?

> **어휘**　風邪 감기 | 熱 열 | 薬 약 | 代表的 대표적 | おかゆ 죽 | 消化 소화 | 野菜 채소 | 卵 달걀 | 足りない 부족하다 | 栄養 영양 | 補う 보충하다 | ねぎ 파 | 味噌汁 된장국 | 効く 효과가 있다 | 汗をかく 땀을 흘리다 | 失う 잃다 | 塩分 염분 | タンポポ 민들레 | 根 뿌리 | 干す 말리다 | 乾燥する 건조하다 | 抹茶 말차(녹차) | 溶ける 녹다 | 食欲 식욕(밥맛) | 効果 효과 | 頼る 기대다, 의존하다 | ためす 시험해 보다

1 이 글을 쓴 사람은 약에 대해서 어떻게 말하고 있는가?
　1 열이 나면 열에 효과가 있는 약을 먹고 빨리 낫는 편이 좋다.
　2 열이 나도 약만 먹지 말고 식사를 바꿔보는 것이 좋다.
　3 열을 내리기 위한 약은 식사를 하고 나서 먹으면 잘 듣는다.
　4 열이 내리면 약은 먹지 말고 죽 등을 먹으면 좋다.

정답 2

해설 '약'에 관한 문제이기 때문에 우선은 '약'이라는 단어가 나오는 단락이 어디인지를 정확하게 파악할 필요가 있다. 첫 번째 단락에는 '약을 먹지 않고 식사만으로 열을 내릴 수 있다면 어떨까?'라고 했지만 이것만으로는 약에 대한 필자의 주장이 확실하지 않다. 그러니 마지막 단락을 하나 더 보자. 여기에는 '열이 났을 때는 약에만 의존하지 말고…음식부터 시험해 보는 것은 어떨까?'라고 했기 때문에 약보다 음식을 바꿔보는 편이 좋다고 생각하고 있다는 것을 알 수 있다. 따라서 정답은 2번이다.

2 죽의 특징으로서 가장 적절한 것은 어느 것인가?
　1 땀을 흘리게 하는 효과가 있다.
　2 소화가 잘 되게 하는 효과가 있다.
　3 몸의 열을 뺏는 효과가 있다.
　4 부족한 영양을 보충하는 효과가 있다.

정답 4

해설 죽의 특징을 묻고 있기 때문에 죽에 관한 서술이 있는 부분을 정확하게 찾으면 답을 찾을 수 있다. '죽은 소화가 잘 되고, 야채나 달걀 등 좋아하는 것을 넣을 수 있기 때문에 부족한 영양을 보충하기에도 좋다'라고 했기 때문에 정답은 4번이다.

이 글을 쓴 사람은 어째서 파된장국을 먹는 것을 추천하고 있는가?
   1 땀을 흘리게 하는 효과와 부족해진 영양을 보충하는 효과가 있기 때문에.
   2 파와 된장국을 함께 먹는 것으로 더욱 먹기 편해지기 때문에.
   3 먹기 편하고 열이 나서 식욕이 없을 때도 간단하게 먹을 수 있기 때문에.
   4 요리방법이 간단하고 열이 있는 사람도 혼자서 금방 만들 수 있기 때문에.

정답 1

해설 이 문제도 ②와 마찬가지로 파된장국에 대해서 쓰인 부분을 찾아서 읽으면 된다. '파는 땀을 흘리게 하는 효과가 있기 때문에 열을 내려주고, 또 땀을 흘려서 잃은 염분을 된장국에서 보충할 수 있다'라고 했기 때문에 정답은 1번이다.

(2)

최근 상점가가 아닌 대형 슈퍼에서 쇼핑을 하는 사람이 늘고 있다. 대형 슈퍼는 어쨌든 가격이 싸다. 또 식료품이나 생활용품 등 다양한 상품의 계산을 하나의 계산대에서 할 수 있기 때문에 편리하다. 상점가는 각각의 가게에서 계산해야 하기 때문에 불편하지만 가게에 가면 여느 때처럼 점원이 싼 것이나 맛있는 것 등을 친절하게 알려준다.

제각기 좋은 면도 나쁜 면도 있지만 '싸고 편리하니까'라고 대형 슈퍼를 선택하는 사람이 매우 많다. 하지만 식품 사고 등을 방지하기 위해서는 가게와 사는 사람이 '얼굴이 보이는 관계'인 것이 중요하다고 한다. 사는 사람을 알고 있으면 가게는 자연스럽게 안전하고 좋은 것만을 팔게 되는 것이다.

그렇다는 것은 최근 없어지고 있는 상점가가 식품 안전을 위해서는 이상적인 곳이 아닐까? 우리들은 저렴함이나 편리함만을 추구할 것이 아니라 식품 안전을 위해 상점가의 장점을 다시 한번 재검토할 필요가 있는 것인지도 모른다.

어휘 商店街 상점가 | 大型 대형 | スーパー 슈퍼마켓 | とにかく 어쨌든 | 値段 값, 가격 | 食料品 식료품 | 生活用品 생활용품 | 事故 사고 | 関係 관계 | 重要だ 중요하다 | 自然と 자연스럽게, 저절로 | 安全だ 안전하다 | 理想 이상 | 見直す 다시 보다

대형 슈퍼에 대해서 이 글에서 말하고 있는 것은 어느 것인가?
   1 물건에 따라 다르지만 전체적으로 가격이 싼 것이 많다.
   2 식료품이나 생활용품 등 어디에 무엇이 있는지 찾는 것이 어렵다.
   3 다양한 상품의 계산이 한번에 해결되므로 편리하다.
   4 매장에서는 무엇이 싼지 점원이 친절하게 알려준다.

정답 3

해설 대형 슈퍼에 대해서 말하고 있는 부분은 두 번째 단락과 세 번째 단락이 된다. 여기서는 '어쨌든 가격이 싸다' '계산을 한 곳의 계산대에서 할 수 있기 때문에 편리' '대형 슈퍼를 선택하는 사람이 많다'는 3가지 특징을 들고 있다. 선택지 안에서 이에 들어맞는 것을 찾으면 그것이 정답이다. 여기서는 3번이 정답이다.

2 이 글에서는 음식의 안전을 위해서는 무엇이 중요하다고 말하고 있는가?
1 수입한 식품은 팔거나 사거나 하지 않는 것
2 가게가 손님을 생각해서 식품을 파는 것
3 손님이 계산원과 아는 사이가 되는 것
4 가격보다 신선한지 어떤지에 신경 쓰는 것

정답 2
해설 완전히 똑같은 표현이 본문 안에는 없기 때문에 조금 어려운 문제이다. '식품 사고 등을 방지하기 위해서는 가게와 사는 사람이 '얼굴이 보이는 관계'인 것이 중요하다고 했다. 사는 사람을 알고 있으면 가게는 자연스럽게 안전하고 좋은 것만을 팔게 되는 것이다'에서 말하고 싶은 것을 정확하게 해석하는 것이 포인트이다. 여기서는 '왜 가게가 사는 사람을 알고 있으면 안전하고 좋은 것만을 팔게 되는가?'를 생각해야만 한다. 자신의 가족이나 친구가 자신의 가게 물건을 사서 먹는데 몸에 안 좋은 것을 알고 팔 수 있을까? 따라서 그것에 가장 가까운 2번이 정답이다.

3 이 글에서는 상점가와 대형 슈퍼를 비교해서 어떻게 말하고 있는가?
1 상점가는 대형 슈퍼에는 없는 장점을 가지고 있다.
2 대형 슈퍼는 상점가보다 상품이 풍부하기 때문에 손님이 많다.
3 대형 슈퍼도 상점가도 안전하고 좋은 것을 팔고 있다.
4 대형 슈퍼도 상점가도 점원은 손님에 대해서 친절하다.

정답 1
해설 선택지 2번의 대형 슈퍼가 상점가보다 상품이 풍부하다는 것은 본문에 한마디도 쓰여 있지 않다. 또 3번은 상점가에 관해서는 '안전하고 좋은 것'을 취급하고 있다는 것으로 이어지는 문장이 3~4번째 단락에 있지만, 대형 슈퍼에 관해서는 아무것도 쓰여 있지 않다. 4번은 두 번째 단락에서 상점가의 점원이 '친절하게' 알려준다고 했지만 대형 슈퍼의 점원이 친절한 것은 어디에도 나와 있지 않다. 따라서 정답은 1번이다. 대형 슈퍼에는 없는 상점가의 장점이라는 것은 '식품의 안전을 위해 이상적인 가게'라는 것이다.

확인문제 2

문제 5 다음 (1)과 (2)의 글을 읽고 질문에 답하세요. 답은 1·2·3·4 에서 가장 적당한 것을 하나 고르세요.

(1)

많은 사람이 왕래하는 역에서 큰 가방을 든 외국에서 온 여행객을 발견했다. 가이드 북을 한 손에 들고 굉장히 불안해하는 모습을 보고 나도 모르게 "뭔가 곤란한 일이라도 있으세요?"하고 영어로 말을 걸었다.
"교토로 가는 플랫폼에는 어떻게 가면 돼요?"
"아, 교토라면 8번 플랫폼일 거예요."
라고 말을 하면서도 '괜찮을까. 알지도 못 하는 나라에서 일본어도 못 하고. 여기는 사람도 많고 길을 헤맬지도 몰라.' 그런 생각이 들어서 ①"그럼 저를 따라 오세요."라고 말했다. 이 정도의 영어라면 어느 정도 할 수 있다.
곤경에 처했을 때 누군가가 친절을 베풀어 주는 것은 기분 좋은 일이다. 나도 그런 경험이 있다. 이탈리아의 시골에서 길을 잃고, 버스도 택시도 보이지 않았을 때, 말도 모르는 나에게 친절을 베풀어 준 아주머니 생각이 난다. 그 아주머니가 나에게 해 줬던 것처럼 조금은 나도 좋은 일을 했다는 생각을 하면서 ②기분 좋게 집에 돌아왔다.

(주1) 行き来する : 왔다 갔다 하다

어휘 行き来する 오가다 | 駅 역 | 海外 해외 | 旅行者 여행자 | 見かける 눈에 띄다 | ガイドブック 가이드 북,
안내 책자 | 片手 한 손 | 様子 모습 | 思わず 나도 모르게, 그만 | 困る 곤란하다, 골치 아프다 | 声をかける 말을 걸다 |
ホーム 플랫폼 | 迷う (길을) 잃다, 헤매다 | つく 뒤따르다 | なんとか 어떻게든, 그럭저럭 | 経験 경험 | 田舎 시골 |
見つかる 찾게 되다, 발견되다 | 言葉 말 | なつかしい 그립다, 정겹다

---

1 이 글을 쓴 사람은 무엇을 위해 여행자에게 말을 걸었는가?
  1 무거운 짐을 들어 주기 위해
  2 외국인에게 길 안내를 하기 위해
  3 여행자를 도와주기 위해
  4 교토에 가는 법을 묻기 위해

정답 3
해설 「英語で声をかけた(영어로 말을 걸었다)」 앞 문장에서 「なにかお困りですか(뭔가 곤란한 일이라도 있으세요?)」라고 필
자가 말을 걸었으므로 정답은 3번이 된다. 필자가 도와주겠다는 의사 표현을 한 후에 외국인이 교토에 가는 방법을 묻고 있
으므로 길 안내를 하기 위해 영어로 말을 건 것은 아니므로 2번은 정답이 될 수 없다. 1번 선택지에 관한 내용은 나와 있지
않으며, 교토 가는 법을 물은 것은 외국안 관광객이므로 4번도 정답이 될 수 없다.

2 이 글을 쓴 사람이 ①'그럼 저를 따라 오세요'라고 말한 이유는 무엇인가?
  1 여행자가 일본에 온 것은 처음이기 때문에.
  2 여행자와 영어로 이야기해 보고 싶었기 때문에.
  3 교토에 가는 플랫폼이 어딘지 가르쳐 주기를 바랬기 때문에.
  4 여행자가 8번 플랫폼까지 갈 수 있을지 없을지 걱정되었기 때문에.

정답 4
해설 질문 자체가 「では、私について来てください(그럼 저를 따라 오세요)」이기 때문에 밑줄 앞부분에 그 이유가 나와 있다는
것은 쉽게 예상할 수 있다. 밑줄 앞부분을 보면 필자가 '알지도 못 하는 나라에서 일본어도 못 하고, 여기는 사람도 많고 길을 헤맬
지도 몰라'라는 내용이 나온다. 따라서 정답은 4번이 된다. 여행자가 일본에 처음 왔는지는 본문 내용만 보고서는 알 수 없으므로 1
번은 오답, 영어로 외국인과 이야기하고 싶었다는 내용도 없으므로 2번도 오답이 된다. 교토 가는 방법을 필자가 가르쳐 주고 있으
므로 3번도 정답이 될 수 없다.

3 ②기분 좋게 집에 돌아왔다고 했는데 어째서 기분이 좋던 것인가?
  1 곤경에 처했을 때 친절을 베풀어 주어서 기뻤기 때문에.
  2 자기가 말한 영어로 외국인을 안내할 수 있었기 때문에.
  3 자기도 곤경에 처한 여행자를 도울 수 있었기 때문에.
  4 친절을 베풀어 준 이탈리아 아주머니를 떠올렸기 때문에.

정답 3
해설 밑줄 바로 앞 부분을 보면 「あのおばさんにしてもらったように、少しは私もいいことができたかなと考えながら(그
아주머니가 나에게 해 줬던 것처럼 조금은 나도 좋은 일을 했다는 생각을 하면서)」라고 되어 있으므로 정답은 3번이 된다. 1번은 필
자가 과거에 이탈리아에서 경험한 이야기이므로 오답, 2번에 관한 언급은 제시문 어디에도 없으므로 역시 오답이 된다. 4번은 자신
에게 친절하게 대해 준 이탈리아 아주머니 생각을 하며 자신도 외국인에게 베풀었다는 내용이므로 필자가 기분이 좋아진 직접적인
이유가 될 수 없다.

(2)

1974년에 일본에 첫 가게가 생기고 나서, 24시간 영업으로 편리한 편의점은 점점 이용자를 늘려왔다. 계속해서 나오는 신제품뿐만 아니라 다양한 서비스도 인기의 이유다. 콘서트 티켓의 예약과 택배 접수, 공공요금 지불 등 편의점에서는 여러 가지 일을 할 수 있다. ①편의점은 이제 물건만을 파는 장소가 아니다.

그런데 최근, 밤늦게까지 영업을 하는 슈퍼 등 편리한 가게가 늘어, 편의점과 이들 가게의 경쟁이 심해졌다. 그래서 다른 가게에 손님을 빼앗기지 않도록 일부 편의점이 시작한 ②새로운 서비스가 '찾아가는 주문 서비스'이다.

찾아가는 주문 서비스란, 점원이 집을 찾아 주문을 받고 상품을 배달하는 것으로, 옛날에 동네 상점이 했었다. 편의점에서는 집을 찾아가지 않고 전화와 인터넷으로 주문을 받고 그 상품을 집까지 배달한다. 물건을 사러 가지 못 하는 노인이 자주 이용할 뿐만 아니라, 바쁜 주부에게도 인기가 있다. 다음은 어떤 서비스가 생길까? 앞으로의 편의점도 기대가 된다.

(주1) 豊富な : 수나 종류가 많이 있는 것
(주2) 公共料金 : 가스, 전기, 수도 요금

> **어휘** 初 첫, 최초 | 営業 영업 | 利用者 이용자 | 増やす 늘리다 | 次々 잇달아 | 出る 나오다 | 新商品 신제품 |
> ~だけでなく ~뿐만 아니라 | 豊富だ 풍부하다 | 予約 예약 | 宅配便 택배 | 受付 접수 | 公共 공공 | 支払い 지불 |
> ところが 그런데 | 増える 늘다 | 競争 경쟁 | 他店 다른 가게 | とられないように 빼앗기지 않도록 | ご用聞き 상인
> 등이 주문을 받으러 다님 | 回る 돌아다니다 | 届ける 보내다, 신고하다 | 町 동네, 마을 | 商店 상점 | 行う 행하다 |
> 注文を受ける 주문을 받다 | お年寄り 노인 | 主婦 주부 | 楽しみ 즐거움, 재미

1 ①편의점은 이제 물건만 파는 장소가 아니다라고 했는데, 그것은 어떤 의미인가?
   1 편의점에서는 24시간 언제라도 물건을 살 수 있다.
   2 편의점에는 신제품보다 서비스 쪽이 많다.
   3 편의점에서는 많은 서비스를 이용할 수 있다.
   4 편의점은 계속해서 신제품을 생각해 내고 있다.

정답 3
해설 밑줄 친 부분 '편의점은 이제 물건만 파는 장소가 아니다'는 첫 번째 단락을 요약한 문장이므로 구체적인 내용은 밑줄의 앞 뒤 문장에 쓰여 있는 「コンサートの予約」, 「宅配便の受付」, 「公共料金の支払い」 등이다. 이것을 정리한 것이 선택지 3번이다.

2 ②새로운 서비스라고 했는데, 어떤 서비스인가?
   1 바빠서 장을 보러 갈 수 없는 사람을 대신해서 장을 보는 서비스
   2 동네에 살고 있는 사람들의 집을 찾아가며 주문을 받는 서비스
   3 산 물건을 집까지 운반할 수 없는 사람을 위해 물건을 배달하는 서비스
   4 인터넷이나 전화로 주문 받은 것을 집까지 배달하는 서비스

정답 4
해설 밑줄 친 부분 「新サービス」는 「ご用聞きサービス」를 말한다. 세 번째 단락 「ご用聞きサービスとは、~」의 설명을 보면, 원래는 옛날 동네 상점에서 점원이 손님의 집에 찾아가서 주문을 받는 것이었으나 현재 편의점에서는 전화나 인터넷을 통해서 주문을 받고 제품을 집으로 배달하는 형태로 바뀌었다고 했으므로 4번이 정답이다.

3 이 글에서는 일부 편의점이 새로운 서비스를 시작한 것이 어째서라고 말하고 있는가?

    1 동네 상점이 똑같은 서비스를 하고 있었기 때문에.

    2 편의점보다 편리한 가게가 많아졌기 때문에.

    3 바빠서 장을 볼 수 없는 주부가 많아졌기 때문에.

    4 자신의 가게를 이용하는 손님을 다른 가게에 빼앗기고 싶지 않기 때문에.

정답 4

해설 새로운 서비스를 시작한 이유는 두 번째 단락에서 언급하고 있다. '편의점의 등장으로 지역 가게도 경쟁이 가속화되어 영업시간을 늦은 밤까지 연장시킨 것', 그래서 '편의점 또한 손님을 빼앗기지 않기 위해 새로운 서비스를 시작한 것'이라고 했으므로 정답은 4번이다.

확인문제 3

문제 5 다음 (1)과 (2)의 글을 읽고 질문에 답하세요. 답은 1·2·3·4에서 가장 적당한 것을 하나 고르세요.

(1)

'매일 똑같아서 재미없다. 무언가 새로운 일은 없을까?'라는 사람에게 추천하고 싶은 것이 좋아하는 테마를 선택해서 자기 동네의 지도를 만들어 보는 것이다. 테마는 동네의 '맛있는 음식' '카페' '애완동물의 산책코스' 등 여러 가지가 있다.

테마가 결정되면, 동네로 나와 자신이 걸으면서 조사한 것을 기록하자. ①이 작업은 동네의 풍경을 사진으로 찍어서 남겨두는 것과 비슷하다. 예를 들면, 같은 길을 찍어도 예쁜 꽃에 흥미가 있는 사람과 그 곳에 있는 건물에 흥미가 있는 사람이 찍은 사진은 다른 것이 된다. 지도 만들기도 같은 것이다.

좋은 지도를 만들기 위해서는 여러 번 돌아다니며 자신의 눈으로 동네를 관찰해 보는 것이 좋다. 그렇게 하면 매일 똑같아서 변화가 없다고 생각했던 동네 안에서도 지금까지 알지 못했던 것, 재미있는 것이 많이 있다는 것을 알게 될 것이다. 자신의 동네 지도가 완성될 쯤에는 ②틀림없이 새로운 동네가 보이게 될 것이다.

어휘 つまらない 시시하다, 재미없다 | おすすめ 권유, 권고 | 町 동네, 마을 | 地図 지도 | 決まる 정해지다 | 出る 나오다 | 記録 기록 | 作業 작업 | 景色 경치 | 撮る (사진을) 찍다 | 残す 남기다 | 似る 닮다, 비슷하다 | 興味 흥미 | ~作り ~만들기 | 出歩く 돌아다니다 | 観察する 관찰하다 | 変化 변화 | 気づく 알게 되다 | 出来上がる 완성되다 | きっと 꼭, 반드시 | 見える 보이다 | ~はずだ ~일 것이다

---

1 ①이 작업은 동네의 풍경을 사진으로 찍어서 남기는 것과 비슷하다고 했는데, 어떤 점이 비슷한 것인가?

    1 자신이 걸어서 조사한 것을 기록하는 것

    2 만드는 사람에 따라서 완성되는 것이 다른 것

    3 처음에 테마를 정해야 하는 것

    4 여러 번 돌아다녀서 관찰해야 하는 것

정답 2

해설 '이 작업은 동네의 풍경을 사진으로 찍어서 남기는 것과 비슷하다'의 내용은 이어지는 「例えば」의 「同じ道~違うものになる」에서 자세하게 설명하고 있다. 따라서 이 내용을 요약한 2번이 정답이다.

2 ②틀림없이 새로운 동네가 보이게 될 것이다고 했는데, 어떤 것인가?
1 지도 만들기를 하면 지금까지 가 본 적이 없는 동네에도 갈 수가 있다.
2 지도 만들기를 하면 자신의 동네가 아닌 동네도 잘 알 수 있다.
3 지도 만들기를 하면 자신의 동네 안에서 여러 가지 발견을 할 수 있다.
4 지도 만들기를 하면 동네 안에 새로운 지인을 많이 만들 수 있다.

정답 3
해설 세 번째 단락을 보면, '변화가 없고 매일 똑같게만 보이던 자신이 살던 동네도 주의해서 관찰해 보면 지금까지 알지 못했던 것을 알 수 있다'고 했기 때문에 정답은 3번이 된다.

3 지도를 만들 때에 중요한 것은 어떤 것이라고 말하고 있는가?
1 자신이 흥미를 가질 수 있는 테마를 선택해서 만드는 것
2 조사한 것을 기록할 때 사진을 많이 찍는 것
3 여러 번 동네에 나와서 스스로 여러 가지를 조사해 보는 것
4 동네 안에 새로운 것을 많이 찾아내는 것

정답 3
해설 세 번째 단락을 보면 「いい地図を作るには、何度でも出歩き、自分の目で町を観察してみること(좋은 지도를 만들기 위해서는 여러 번 돌아다니며 자신의 눈으로 동네를 관찰해 보는 것이 좋다)」라고 되어 있다. 따라서 정답은 3번이다.

(2)

스케줄이 없으면 불안해하는 사람이 있다. 며칠 전 찻집에서 본 여성이 그랬다. 그녀는 가방 안에서 빨간 수첩을 꺼내 한동안 바라보고 있었다. 그리고 갑자기 전화를 걸기 시작했고 계속해서 술 모임이나 식사, 데이트 약속을 잡고 수첩에 약속을 기입해 갔다. 하지만, 아무리 해도 스케줄이 채워지지 않는 하루가 있는 것 같았다.
공백의 목요일. 그것이 그녀에게는 참을 수 없었던 것 같다. 결국에는 단골 미용실에 전화를 걸어 얼마 전에 한 파마가 마음에 들지 않으니 다시 한번 해 줬으면 좋겠다, 다음 주 목요일밖에 시간이 없으니 목요일에 예약해 줬으면 한다는 주장을 하고, 결국 목요일의 스케줄을 손에 넣었다. 그녀는 새까맣게 채워진 페이지를 바라보고 만족스러운 듯이 미소를 지었다.
한편, 내 수첩은 새하얗다. 정확하게 말하면 어제까지인 과거에는 여러 가지 쓰여 있었지만, 오늘부터 미래는 완전히 백지. 미래에는 아무것도 쓰여 있지 않다. 그녀처럼 나도 수첩을 펼쳤다. 하지만, 보고 또 봐도 스케줄은 아무것도 머리에 떠오르지 않았다.

※ 호시노 히로미「공백의 목요일」『미녀라고 하는 재난』(문예춘추)

어휘 予定 예정, 스케줄 | 不安 불안 | 先日 일전, 며칠 전 | 喫茶店 찻집 | 見かける 눈에 띄다, 보다 | 女性 여성 | バッグ 백, 핸드백 | 手帳 수첩 | 取り出す 꺼내다 | しばらく 잠시, 한동안 | 眺める 바라보다 | 突然 돌연, 갑자기 | 次々 잇달아 | 飲み会 술 모임 | 書き込む 써넣다 | どうしても 아무리 해도 | 埋まる 메워지다, 가득 차다 | 空白 공백 | 我慢 참음, 견딤 | 最後 마지막, 최후 | 美容院 미용실 | この間 얼마 전 | パーマをかける 파마를 하다 | 気に入る 마음에 들다 | ます형＋直す 다시 ~하다 | ～てほしい ~해 줬으면 좋겠다 | 空く 비다 | 予約を入れる 예약을 하다 | 主張する 주장하다 | とうとう 끝내, 결국 | 手に入れる 손에 넣다 | 真っ黒だ 새까맣다 | 埋める 메우다, 채우다 | 見つめる 응시하다 | ほほえむ 미소 짓다 | 一方 한편 | 真っ白だ 새하얗다 | 正確だ 정확하다 | 過去 과거 | まるで 마치, 전혀 | 白紙 백지 | 未来 미래 | 思い浮かぶ 머릿속에 떠오르다

1 이 글을 쓴 사람은 찻집에서 본 여성은 어떤 사람이라고 말하고 있는가?
  1 굉장히 바빠서 비어 있는 시간이 없는 사람
  2 전화를 좋아해서 말할 상대가 없으면 불안해지는 사람
  3 헤어스타일을 바꾸는 것을 좋아해서 자주 미용실에 가는 사람
  4 스케줄이 채워져 있지 않으면 불안해지는 사람

정답 4

해설 독해 지문 하나에 여러 개의 문제가 딸려 나오는 경우, 이때 각 문제의 답은 글의 첫 부분부터 차례로 나와 있다. 예를 들어 이 문제처럼 하나의 글에 3개의 문제가 있는 경우, 각각의 문제가 글의 전개 순서대로 대응한다고 보면 된다. 따라서 1번 문제는 제시문의 첫 부분에 답이 있다고 볼 수 있다. 첫 번째 줄에 「予定がないと不安になる人がいる(스케줄이 없으면 불안해지는 사람이 있다)」고 하는 예로서 '찻집에서 본 여자'가 나와 있으므로 정답이 4번임을 알 수 있다. 그 다음 단락부터는 그 여자의 모습을 구체적으로 서술하고 있으므로 정답과는 관련이 없다.

2 만족스러운 듯이 미소를 지었다고 했는데, 무엇이 만족스러웠는가?
  1 미용실 예약을 한 것
  2 목요일 스케줄이 사라진 것
  3 수첩의 공백이 사라진 것
  4 여러 친구와 약속을 할 수 있었던 것

정답 3

해설 밑줄 친 부분이 지시하는 내용을 찾는 문제는 밑줄 근처에 답이 나와 있는데, 밑줄 바로 앞 부분을 보면 「真っ黒に埋められたページを見つめて(새까맣게 채워진 페이지를 바라 보고)」라는 내용이 있으므로 정답이 3번임을 알 수 있다. '미용실에 전화를 건 것은 파마가 마음에 안 들어서가 아니라 비어 있는 목요일 스케줄을 채우기 위해서'이기 때문에 1번은 정답이 될 수 없다. '목요일에 스케줄이 사라진다'는 전혀 반대의 내용이 되므로 2번은 오답이며, 또한 여러 친구들과 약속을 하고도 목요일 스케줄이 채워지지 않아서 미용실 예약을 했기 때문에 4번도 정답이 될 수 없다.

3 이 글을 쓴 사람의 수첩은 어떤 수첩이라고 말하고 있는가?
  1 여러 가지 쓰여 있기 때문에 스케줄을 알기 힘들다.
  2 아무것도 쓰여 있지 않은 빈 페이지가 여기 저기 있다.
  3 앞으로의 예정은 하나도 적혀 있지 않다.
  4 수첩은 가지고 있지만, 내용은 완전히 비어 있다.

정답 3

해설 1번 문제에서 설명했듯이 마지막 문제이므로 제시문의 마지막 단락을 보면 정답을 알 수 있다. 「私の手帳は真っ白だ(나의 수첩은 새하얗다)」고 한 후 「正確にいうと、昨日までの過去にはいろいろ書かれているが、今日から先はまるで白紙。未来には何も書かれていない(정확하게 말하면 어제까지인 과거에는 여러 가지 쓰여 있었지만, 오늘부터 미래는 완전히 백지. 미래에는 아무것도 쓰여 있지 않다)」라고 했으므로 정답은 3번이 된다.

問題 6 ▶ 내용이해(장문)

학습요령

① 〈問題6〉에서는 〈問題5〉에서 출제된 것과 같은 문제에 더해, 글의 요지나 필자나 등장인물의 생각에 관해서 묻는 문제가 나온다. 각 단락마다 한 문제씩 출제되는 문제가 많은 것은 〈問題5〉와 동일하지만, 글 전체의 내용을 제대로 이해하지 못했다면 풀 수 없는 문제도 있기 때문에 글의 요지를 확실하게 파악할 필요가 있다. 〈問題6〉에서는 각 단락에서 말하고자 하는 바를 먼저 파악하고(한 문장으로 정리하는 연습을 해보면 좋다), 나아가 접속사에 주의하면서 각 단락이 어떤 관계로 이루어져 있는지를 파악해두면 도움이 된다. (예 :「しかし~」라고 시작되는 단락은 앞 단락의 내용에 반대되는 내용이 오게 된다.)

② 〈問題6〉에서도 〈問題5〉와 마찬가지로 선택지는 모두 상식적인 내용으로, 본문의 표현을 다양하게 이용하고 있기 때문에 언뜻 보면 정답처럼 보이는 것도 매우 많다. 대부분의 정답은 본문에 나오는 표현을 그대로 사용하는 것이 아니라 다르게 표현한다. 만약 선택지와 완벽하게 동일한 내용의 표현이 본문에 없는 경우에는 다른 표현을 사용했을 가능성이 높기 때문에, 그것이 본문의 어느 부분에 해당하는 것인가를 찾아 나가도록 하자.

問題6 つぎの文章を読んで、質問に答えなさい。答えは1・2・3・4から最もよいものを
一つえらびなさい。

　この町は40年ほど前に作られました。とてもきれいな町でした。東京から電車で約1時間、駅からバスで20分ぐらいのところにあります。私たちは40年前に結婚して、この町で家を買いました。広い庭がある大きな家です。近所の家にも若い夫婦がたくさん引っ越してきました。ここは緑が多くて、子どもを育てるのにとてもいいところでした。うちの娘も近所の子どもたちといっしょに元気に大きくなりました。

　やがてどの家の子どもたちも大人になって、町から出て行きました。町で生活している人たちは、今はほとんど60さい以上で、この町は老人の町になりました。年をとると、庭の草をとるのも大変な仕事です。病院が遠いので急に病気になったら心配です。それで、便利な東京のマンションに引っ越した人もいます。家の人が病気で入院してしまって、だれも住んでいない家もあります。町は急にさびしくなりました。不便な町なので、新しく引っ越してくる若い人はいません。

　最近は毎日の生活も大変だと思うようになりました。近くに店がないので、駅の近くまで主人の車で買い物に行きます。ここから駅まで車なら15分ぐらいですが、歩いたら1時間かかります。今、私が一番心配していることはいつまでバスが走っているかということです。バスに乗る人が減れば、バスが来なくなるでしょう。年をとって車が運転できなくなったとき、バスがなかったら、私たちの生活はどうなるのか、本当に心配です。

1 この文を書いた人はどんな人ですか。

1 結婚していない若い人

2 結婚している若い人

3 結婚していない老人

4 結婚している老人

2 40年前、この町はどんな町でしたか。

1 不便だが、新しい町

2 便利で、緑が多い町

3 老人が住むさびしい町

4 若い人が住む古い町

3 今、この町はどんな町ですか。

1 不便だが、新しい町

2 便利で、緑が多い町

3 老人が住むさびしい町

4 若い人が住む古い町

4 この文章を書いた人がいちばん心配なことは何ですか。

1 庭の草をとること

2 急に病気になること

3 買い物に行くこと

4 バスがなくなってしまうこと

問題6 つぎの文章を読んで、質問に答えなさい。答えは1・2・3・4から最もよいものを一つえら
びなさい。

これは、田島さんが書いた作文です。

先週の土曜日、私はある「ひかりホーム」へ行きました。そこには、家族と一緒に住めないおじいさんやおばあさんが、たくさん住んでいます。私はそこで、90歳のおじいさんの話を聞いたり、一緒に食事をしたりしました。

そのおじいさんは歩くことができないため、ずっといすに座っていました。おじいさんは、子どもが5人もいて、みんないい大学を出たことや、若いころは歌が上手だったことなど、いろいろな話をしてくれました。

昼ご飯のとき、おじいさんはスプーンを持つことができないので、代わりに私がおじいさんの口に食事を運びました。おじいさんは、私に何度も「ありがとう。」と言いました。そして、「よかったら、またいらっしゃい。」と言ってくれました。私はそれを聞いて、とてもうれしくなり、またこのおじいさんに会いに来たいと思いました。

あしたは、土曜日です。いつもは友だちとゲームをしたりして過ごすのですが、あしたは、おじいさんに会いに行くつもりです。今度は、ギターを持っていって、一緒に歌を歌えたらいいなと思います。

---

1 田島さんは、先週の土曜日に何をしましたか。

1 おじいさんと一緒に出かけた。

2 おじいさん、おばあさんの家へ遊びに行った。

3 おじいさんの手伝いをしたりした。

4 おじいさんとおばあさん家で食事を作った。

2 おじいさんは、どんな人ですか。

1 いい学校を卒業した孫が、5人いる。

2 歌が上手で、ギターを持っている。

3 話すのが好きで、友だちがたくさんいる。

4 足が悪くて、自分ひとりでは歩けない。

3 田島さんは、食事のときに何をしましたか。

1 おじいさんの口にスープを入れてあげた。

2 おじいさんに食事を食べさせてあげた。

3 おじいさんの食事をテーブルに運んであげた。

4 おじいさんの代わりにご飯を食べてあげた。

4 田島さんは、どうしておじいさんに会いに行くのですか。

1 おじいさんにもう一度会いたいから

2 おじいさんが家に招待してくれたから

3 土曜日はいつもおじいさんに会いに行くから

4 おじいさんと一緒にゲームをしたいから

問題6 つぎの文章を読んで、質問に答えなさい。答えは1・2・3・4から最もよいものを
一つえらびなさい。

　健康な骨を作るためには、カルシウムをたくさんとるのがいいということはみ
んな知っている。ところが、①それと同じぐらい運動が大事だということは、あ
まり知られていない。子どものころに充分運動をしないと、年をとってから骨が
折れやすくなり、骨粗鬆症という病気になるかもしれないのである。

　運動が大事だと言っても、どんな運動でもいいわけではない。ダンスやランニ
ング、ジャンプなどの運動は健康な骨を作るために効果があり、②水泳はあまり
効果がないと言われている。骨を強くするには、自分の体重を支えながらする運
動が役に立つのだが、人の体は水に浮くので水中ではその必要がないからだ。

　③運動にはいろいろな効果があるが、体に合った運動は、骨をより太くより強
くする。さらに、骨の周りの筋肉も強くなって、その筋肉が骨の強さを保つのに
役に立つ。また、よく運動する人は体の動きが速く、全く運動をしない人に比べ
ると、事故などによる骨折やけがを防ぎやすい。

　健康のための運動は、何歳のときに始めても効果があるが、強い骨を作るため
の運動は違う。骨は、人が生まれてから30歳くらいまでの間に作り上げられて
しまうからだ。それを考えると、子どものころにより強い骨を作っておいた方が
いいことがわかるだろう。健康な骨を作るには、正しい時期に、効果のある運
動をすることが大事なのだ。

（注1）骨粗鬆症：骨が弱くなる病気
（注2）保つ：ある状態を守ること

1 ①それと同じぐらい運動が大事だとあるが、それはどうしてか。

1 運動をすることによって、カルシウムの効果が増すから。

2 運動をしないと、骨が折れてしまうから。

3 運動をしておけば、骨の病気になりにくくなるから。

4 運動が骨に大事なことを知らない人が多いから。

2 ②水泳はあまり効果がないのはどうしてか。

1 水泳とランニングでは使う筋肉が違うから。

2 自分の体重を支えなくてもよい運動だから。

3 水泳は消費するエネルギーが少ないから。

4 水の中で運動するときは力が必要ないから。

3 ③運動にはいろいろな効果があるとあるが、例えばどんな効果があると言っているか。

1 骨がより強くなって、事故にあっても折れなくなる。

2 体の動きが速くなって、骨折やけがをしにくくなる。

3 体重を支える必要がなくなって、体の動きが速くなる。

4 骨の周りの筋肉が強くなって、骨の代わりをするようになる。

4 この文章を書いた人が言いたいことは何か。

1 健康な骨を作るためには、どんな運動でも30歳になる前にしておかなければならない。

2 カルシウムをたくさんとってから運動をすれば、骨が強く太くなって折れにくくなる。

3 子どものころに、ダンスやランニングなどの骨を強くする運動をしておいた方がいい。

4 子どものころに水泳などの運動をたくさんしておけば、年をとっても病気にならない。

問題6 つぎの文章を読んで、質問に答えなさい。答えは1・2・3・4から最もよいものを
一つえらびなさい。

　今回、外国人に仕事の紹介をする会社をつくった田中光男社長にお話をうかがった。

　Q：具体的にはどんなことをするんですか？

　───1,400人以上の外国人が申し込んでいるんですが、簡単にいえば、その人たちをできるだけ希望の会社に紹介するということです。つまり、うちにはこういう仕事ができる外国人がいるんですが、そちらで働かせてもらえませんかってね。もちろん、会社のほうからもこういう条件の外国人がほしいんだけど、いい人紹介してもらえませんかって言ってくるわけです。つまり、外国人と会社との紹介役ですね。

　Q：なるほど。でも最近は不景気で、①厳しいのでは？

　───ええ、日本人でもいい仕事を見つけるのは難しいんですから、外国人だともっと厳しいですね。ちゃんと決まるのは、申し込みをしている人の②５％ぐらいですかね。

　Q：将来、日本での就職を希望する外国人にアドバイスをお願いします。

　───そうですねえ。日本で仕事をしたい人たちには、日本人と旅行に行けるくらいのコミュニケーション力をつけてほしいですね。特に留学生に言いたいんですが、敬語の知識とか言葉の量とかよりも心配なのは、日本人と交流する経験が足りないということです。少しぐらい言葉を間違えても、それは外国人なので許されるんです。敬語も、「です・ます」を使って話をしていれば失礼にはなりません。でも、話題の選び方とか、あいづちの打ち方とか、その場の雰囲気の感じ方とか、そういう力がないと、③日本人と一緒に働くときに困ってしまうんですよ。あとは、やはり日本文化に積極的に関心を持つことですかね。

　(注１) 不景気 ：社会の経済の状態が悪いこと

　(注２) 就職：仕事につくこと

1 ①<u>厳しい</u>とあるが、何が厳しいのか。

1 自分のやりたい仕事を見つけること

2 希望にあった給料を受け取ること

3 日本の会社に外国人が就職すること

4 外国人に対する差別をなくすこと

2 ②<u>５％ぐらい</u>とあるが、何が５％ぐらいなのか。

1 希望する会社の条件がきちんと決まっている外国人の割合

2 希望する社員の条件がきちんと決まっている会社の割合

3 希望する条件の日本の会社に就職できた外国人の割合

4 希望する条件の社員を入社させることができた会社の割合

3 ③<u>日本人と一緒に働くときに困ってしまう</u>のは、どのような人か。

1 丁寧な言葉遣いがうまくできない人

2 よくわからない言葉がたくさんある人

3 「です・ます」の形でしか話せない人

4 いつも同じ話題のことしか話せない人

4 社長が留学生に対していちばん言いたいことは何か。

1 日本人ともっといろいろなところへ旅行してほしい。

2 もっと日本人と交流して、経験を積んでほしい。

3 日本人ともっと上手に話せるようになってほしい。

4 もっと一生懸命日本の文化について勉強してほしい。

확인문제 1

문제 6 다음 글을 읽고 질문에 답하세요. 답은 1·2·3·4에서 가장 적당한 것을 하나 고르세요.

이 마을은 40년 정도 전에 만들어졌습니다. 매우 아름다운 마을이었습니다. 도쿄에서 전철로 약 1시간, 역에서 버스로 20분 정도가 걸리는 곳에 있습니다. 우리는 40년 전에 결혼해서 이 마을에서 집을 샀습니다. 넓은 정원이 있는 큰 집입니다. 근처의 집에도 젊은 부부가 많이 이사 왔습니다. 이곳은 신록이 풍부해서 아이를 키우는데 아주 좋은 곳이었습니다. 우리 딸도 근처 아이들과 함께 건강하게 자랐습니다.

이윽고 모든 집의 아이들이 어른이 되어 마을을 떠났습니다. 마을에서 생활하고 있는 사람들은 지금 대부분 60세 이상이며, 이 마을은 노인 마을이 되었습니다. 늙으면 정원의 풀을 뽑는 것도 힘든 일입니다. 병원이 멀기 때문에 갑자기 병이 나면 걱정입니다. 그래서, 편리한 도쿄에 있는 아파트로 이사한 사람도 있습니다. 집에 있는 사람이 병으로 입원해서 아무도 살고 있지 않은 집도 있습니다. 마을은 갑자기 쓸쓸해졌습니다. 불편한 마을이기 때문에 새롭게 이사 오는 젊은 사람은 없습니다.

최근에는 하루하루의 생활도 힘들다는 생각이 듭니다. 근처에 가게가 없기 때문에 역 근처까지 남편의 차로 장을 보러 갑니다. 여기서 역까지 차로 가면 15분 정도입니다만, 걸으면 1시간 걸립니다. 요즘 내가 가장 걱정하고 있는 일은 언제까지 버스가 다닐지입니다. 버스를 타는 사람이 줄면, 버스가 오지 않을 겁니다. 늙어서 운전을 할 수 없게 되었을 때, 버스가 없다면 우리의 생활은 어떻게 되는 걸까 정말로 걱정입니다.

| 어휘 | 町 마을 | 作る 만들다 | きれいだ 아름답다, 깨끗하다 | 東京 도쿄 | 電車 전철 | 駅 역 | バス 버스 | 広い 넓다 | 庭 정원, 뜰 | 近所 근처 | 若い 젊다 | 夫婦 부부 | 引っ越す 이사하다 | 緑 녹색, 신록 | 育てる 키우다, 기르다 | 娘 딸 | 一緒に 함께 | 元気 건강함 | やがて 이윽고 | 大人 어른 | 生活 생활 | ほとんど 대부분, 거의 | 老人 노인 | 年をとる 나이를 먹다, 늙다 | 草 풀 | 病院 병원 | 遠い 멀다 | 急に 갑자기 | 病気 병 | 心配 걱정 | 便利だ 편리하다 | マンション 아파트 | 入院する 입원하다 | 寂しい 쓸쓸하다, 적적하다 | 不便だ 불편하다 | 新しい 새롭다 | 最近 최근 | 店 가게 | 買い物に行く 장을 보러 가다 | 車 차 | 歩く 걷다 | 時間 시간 | 走る 달리다 | 乗る 타다 | 減る 줄다 | 運転する 운전하다 | 本当に 정말로 |

1 이 글을 쓴 사람은 어떤 사람입니까?
　1 결혼하지 않은 젊은 사람
　2 결혼한 젊은 사람
　3 결혼하지 않은 노인
　4 결혼한 노인

정답 4
해설 첫 번째 단락의 「私達は40年前に結婚して〜」와 세 번째 단락의 「駅の近くまで主人の車で買い物に行きます」의 문장에서 결혼한 노인임을 알 수 있다.

2 40년 전 이 마을은 어떤 마을이었습니까?
　1 불편하지만 새로운 마을
　2 편리하고 산록이 풍부한 마을
　3 노인이 사는 외로운 마을
　4 젊은 사람들이 사는 오래된 마을

정답 1
해설 첫 번째 단락을 보면 40년 정도 전에 만들어진 마을이라 그 당시엔 새로운 마을이었고, 도쿄에서 전철로 1시간, 역에서 버스로 20분이 걸리는 곳이라 교통은 불편했다는 것을 알 수 있다.

3 현재 이 마을은 어떤 마을입니까?
　　1　불편하지만 새로운 마을
　　2　편리하고 산록이 풍부한 마을
　　3　노인이 사는 외로운 마을
　　4　젊은 사람들이 사는 오래된 마을

정답 3

해설 40년 정도 전에 지어진 이 마을은 현재 60세 이상의 노인 마을이 되었으며, 불편함으로 인해 사람들이 떠나 쓸쓸해졌다고 했으므로 3번이 가장 적합하다.

4 이 글을 쓴 사람이 가장 걱정하는 것은 무엇입니까?
　　1　정원의 풀을 뽑는 것
　　2　갑자기 병에 걸리는 것
　　3　장을 보러 가는 것
　　4　버스가 없어져 버리는 것

정답 4

해설 마지막 단락의 세 번째 줄에서 '내가 가장 걱정하는 것은 언제까지 버스가 다닐지입니다'라고 했으므로, 4번이 가장 적절한 정답이다.

확인문제 2

문제 6 다음 글을 읽고 질문에 답하세요. 답은 1·2·3·4에서 가장 적당한 것을 하나 고르세요.

이것은 다지마 씨가 쓴 작문입니다.

저번주 토요일 나는 어느 '빛의 집'에 갔습니다. 거기에는 가족과 함께 살 수 없는 할아버지와 할머니가 많이 살고 있습니다. 나는 거기서 90세의 할아버지의 이야기를 듣기도 하고, 함께 식사를 하기도 했습니다.

그 할아버지는 걸을 수가 없기 때문에 쭉 의자에 앉아 있었습니다. 할아버지는 자식이 5명이나 있고, 모두 좋은 대학을 나왔다는 것과 젊은 시절에는 노래를 잘했다는 것 등 여러 가지 이야기를 해 주었습니다.

점심 때 할아버지는 숟가락을 쥘 수 없기 때문에 대신에 내가 할아버지에게 밥을 먹여 주었습니다. 할아버지는 나에게 몇 번이나 "고마워"라고 말했습니다.

그리고 "괜찮다면, 또 와"라고 말해 주었습니다. 나는 그것을 듣고 매우 기뻐서 또 이 할아버지를 만나러 오고 싶었습니다.

내일은 토요일입니다. 항상 친구와 게임을 하기도 하며 보내지만, 내일은 <u>할아버지를 만나러 갈</u> 생각입니다. 이번에는 기타를 가지고 가서 함께 노래를 부를 수 있으면 좋겠습니다.

어휘 先週 지난주 | ひかりホーム 히카리 홈(빛의 집-양로원 이름) | 家族 가족 | 住む 살다 | 話 이야기 | 一緒に 함께 | 食事 식사 | 歩く 걷다 | ずっと 쭉, 훨씬 | 座る 앉다 | 若いころ 젊은 시절 | 歌 노래 | 昼ご飯 점심(밥) | 代わりに 대신에 | 運ぶ 운반하다. 나르다 | 何度も 몇 번이나 | 嬉しい 기쁘다 | ゲーム 게임 | 過ごす 보내다. 지내다 | ギター 기타

[1] 다지마 씨는 지난주 토요일에 무엇을 했습니까?
1 할아버지와 함께 외출했다.
2 할아버지, 할머니 집에 놀러 갔다.
3 할아버지를 도와드렸다.
4 할아버지와 할머니 집에서 식사를 만들었다.

정답 3

해설 할아버지의 이야기를 듣거나 함께 식사를 했으며, 식사를 도와드렸다고 했으므로 정답은 3번이다. 1번, 4번은 본문 내용에 없으며, '가족과 함께 살 수 없는 할아버지, 할머니가 많이 살고 있다'는 표현에서 '집'이 아닌 '양로원'임을 알 수 있으므로 2번도 오답이다.

[2] 할아버지는 어떤 사람입니까?
1 좋은 학교를 졸업한 손자가 5명 있다.
2 노래를 잘하고 기타를 가지고 있다.
3 이야기하는 것을 좋아하고 친구가 많다.
4 다리가 아파 혼자서는 걸을 수 없다.

정답 4

해설 할아버지는 걸을 수가 없어 늘 앉아 있고 5명의 자녀가 모두 좋은 대학을 나왔으며 젊은 시절에 노래를 잘했다고 했으므로 정답으로 4번이 가장 적절하다.

[3] 다지마 씨는 식사할 때 무엇을 했습니까?
1 할아버지 입에 수프를 넣어 드렸다.
2 할아버지에게 식사를 먹여 드렸다.
3 할아버지의 식사를 테이블로 운반해 드렸다.
4 할아버지 대신에 밥을 먹어 드렸다.

정답 2

해설 '할아버지가 숟가락을 들 수 없어서 다지마 씨가 대신에 식사를 입에 넣어 드렸다'는 내용에서 할아버지에게 식사를 먹여드렸음을 알 수 있다.

[4] 다지마 씨는 왜 할아버지를 만나러 가는 겁니까?
1 할아버지를 한 번 더 만나고 싶어서
2 할아버지가 집에 초대해 주었기 때문에
3 토요일은 항상 할아버지를 만나러 가기 때문에
4 할아버지와 함께 게임을 하고 싶어서

정답 1

해설 세 번째 단락에서 괜찮다면 또 오라는 할아버지의 말에 다지마 씨는 매우 기뻐서 또 할아버지를 만나러 오고 싶다고 했으므로 1번이 정답이다.

문제 6 다음 글을 읽고 질문에 답하세요. 답은 1·2·3·4 에서 가장 적당한 것을 하나 고르세요.

튼튼한 뼈를 만들기 위해서는 칼슘을 많이 섭취하는 것이 좋다는 사실은 누구나 다 알고 있다. 하지만, ①그것 못지 않게 운동이 중요하다는 사실은 별로 알려지지 않았다. 어릴 적에 충분히 운동을 하지 않으면, 나이를 먹고 나서 뼈가 잘 부러지게 되고 골다공증이라는 병에 걸릴지도 모르는 것이다.

운동이 중요하다고 해서 아무 운동이나 좋은 것은 아니다. 댄스나 달리기, 점프 등의 운동은 튼튼한 뼈를 만드는 데에 효과가 있고, ②수영은 별로 효과가 없다고 한다. 뼈를 튼튼하게 하기 위해서는 자신의 체중을 지탱하면서 하는 운동이 효과적인데, 사람의 몸은 물에 뜨기 때문에 물 속에서는 그러한 필요가 없기 때문이다.

③운동에는 여러 가지 효과가 있는데, 몸에 맞는 운동은 뼈를 더 굵게 보다 강하게 한다. 더욱이 뼈 주변의 근육도 강해져서 그 근육이 뼈의 강도를 유지하는 데에 도움이 된다. 또한, 자주 운동을 하는 사람은 몸의 움직임이 빨라서 전혀 운동을 하지 않는 사람에 비해 사고 등에 의한 골절이나 부상을 방지하기 쉽다.

건강을 위한 운동은 몇 살 때 시작해도 효과가 있지만, 튼튼한 뼈를 만들기 위한 운동은 다르다. 뼈는 사람이 태어나서 30살 정도가 될 때까지 다 만들어지기 때문이다. 그것을 생각하면 어릴 적에 더욱 튼튼한 뼈를 만들어 두는 편이 좋다는 것을 알 수 있을 것이다. 건강한 뼈를 만들기 위해서는 올바른 시기에 효과가 있는 운동을 하는 것이 중요한 것이다.

(주1) 骨粗鬆症 : 뼈가 약해지는 병
(주2) 保つ : 어떤 상태를 유지하는 것

어휘 健康 건강 | 骨 뼈 | カルシウム 칼슘 | 運動 운동 | あまりない 그다지 ~않다 | 知られる 알려지다, 유명하다 | 年をとる 나이를 먹다 | 折れる 꺾이다, 부러지다 | 骨粗鬆症 골다공증 | ~かもしれない ~일 지도 모른다 | ~と言っても ~라 하더라도 | ~わけではない ~인 것은 아니다 | ダンス 댄스, 춤 | ランニング 달리기 | ジャンプ 점프 | 効果 효과 | 水泳 수영 | 体重 체중 | 支える 떠받치다, 지탱하다 | 役に立つ 도움이 되다 | 体 몸 | 浮く 뜨다 | より ~보다 | 太い 굵다 | 周り 주변 | 筋肉 근육 | 保つ 유지하다 | 事故 사고 | 怪我 부상 | 防ぐ 막다, 방지하다 | 生まれる 태어나다 | ~ておく ~해 두다 | ます형＋あげる (동작이) 다 이루어지다, 완성되다

---

1 ①그것 못지 않게 운동이 중요하다고 했는데 그것은 왜인가?
　1 운동을 함으로써 칼슘의 효과가 더해지기 때문에.
　2 운동을 하지 않으면 뼈가 부러져 버리기 때문에.
　3 운동을 해두면 뼈와 관련된 병에 잘 걸리지 않게 되기 때문에.
　4 운동이 뼈에 중요하다는 사실을 모르는 사람이 많기 때문에.

정답 3

해설 기존의 문제와 유사한 유형의 문제이다. 〈問題6〉도 독해 지문 하나에 여러 개의 문제가 딸려 나오는데, 이때 각 문제의 답은 글의 첫 부분부터 순서대로 나와 있다고 보면 된다. 따라서 이 문제의 정답은 제시문 중 앞 부분을 읽으면 된다. 첫 번째 단락의 후반부에서 「子どものころに充分運動をしないと、年をとってから骨が折れやすくなり、骨粗鬆症という病気になるかもしれないのある(어릴 적에 충분히 운동을 하지 않으면 나이를 먹고 나서 뼈가 잘 부러지게 되고 골다공증이라는 병에 걸릴지도 모른다)」라고 했으므로 정답은 3번이다.

2 ②수영은 별로 효과가 없는 것은 어째서인가?
1 수영과 달리기에서는 사용하는 근육이 다르기 때문에.
2 자신의 체중을 지탱하지 않아도 되는 운동이기 때문에.
3 수영은 소비하는 에너지가 적기 때문에.
4 물 속에서 운동할 때는 힘이 필요 없기 때문에.

정답 2

해설 밑줄 바로 다음 문장에서「骨を強くするには、自分の体重を支えながらする運動が役に立つのだが、人の体は水に浮くので水中ではその必要がないからだ(뼈를 튼튼하게 하기 위해서는 자신의 체중을 지탱하면서 하는 운동이 효과적인데, 사람의 몸은 물에 뜨기 때문에 물 속에서는 그 효과가 없기 때문이다)」라고 했으므로 정답이 2번임을 알 수 있다. 이유를 묻고 있으므로「〜からだ(〜이기 때문이다)」가 포함되어 있는 문장을 찾으면 정답을 알 수 있다.

3 ③운동에는 여러 가지 효과가 있다고 했는데 예를 들면 어떠한 효과가 있다고 했는가?
1 뼈가 더욱 튼튼해져서 사고를 당해도 부러지지 않게 된다.
2 몸의 움직임이 빨라져서 골절이나 부상을 잘 당하지 않게 된다.
3 체중을 지탱할 필요가 없어져서 몸의 움직임이 빨라진다.
4 뼈 주변의 근육이 강해져서 뼈를 대체하게 된다.

정답 2

해설 밑줄 바로 다음 문장을 보면 여러 가지 예가 나와 있으므로 거기서 정답을 알 수 있다.「よく運動する人は体の動きが速く、全く運動をしない人に比べると、事故などによる骨折やけがを防ぎやすい(자주 운동을 하는 사람은 몸의 움직임이 빨라서, 전혀 운동을 하지 않는 사람과 비교하면 사고 등에 의한 골절이나 부상을 방지하기 쉽다)」고 했으므로 정답은 2번이 된다. 사고를 당해도 부러지지 않는다고는 하지 않았으므로 1번은 오답이며, 체중을 지탱할 필요성이 사라지는 것은 아니기 때문에 3번도 오답이다. 근육이 뼈를 대체한다는 언급도 없으므로 4번도 정답이 될 수 없다.

4 이 글을 쓴 사람이 말하고 싶은 것은 무엇인가?
1 튼튼한 뼈를 만들기 위해서는 어떤 운동이라도 30살이 되기 전에 해 두어야 한다.
2 칼슘을 많이 섭취하고 나서 운동을 하면 뼈가 튼튼하고 굵어져서 잘 부러지지 않게 된다.
3 어릴 적에 춤이나 달리기 등 뼈를 튼튼하게 하는 운동을 해 두는 편이 좋다.
4 어릴 적에 수영 등의 운동을 많이 해 두면 나이를 먹어도 병에 걸리지 않는다.

정답 3

해설 글의 내용과 맞는 내용을 고르는 문제는 글 전체를 다 읽어 보아야 하는 경우가 많다. 두 번째 단락에서「運動が大事だと言っても、どんな運動でもいいわけではない(운동이 중요하다고 해서 어떤 운동이라도 좋은 것은 아니다)」라고 했으므로 1번은 오답이다. 첫 번째 단락에서「カルシウムをたくさんとるのがいいということはみんな知っている。ところが、それと同じぐらい運動が大事だ(칼슘을 많이 섭취하는 것이 좋다는 사실은 누구나 다 알고 있다. 하지만, 그것 못지 않게 운동이 중요하다)」라고 했으므로 2번도 오답이다. 두 번째 단락에「ダンスやランニング、ジャンプなどの運動は健康な骨を作るために効果があり(댄스나 달리기, 점프 등의 운동은 튼튼한 뼈를 만드는 데에 효과가 있고)」라는 내용이 나와 있으므로, 3번이 정답이 된다.「水泳はあまり効果がない(수영은 그다지 효과가 없다)」라고 했으므로, 4번은 정답이 될 수 없다.

문제 6 다음 글을 읽고 질문에 답하세요. 답은 1·2·3·4 에서 가장 적당한 것을 하나 고르세요.

이번에 외국인에게 일을 소개하는 회사를 만든 다나카 미츠오 사장에게 이야기를 들었다.

Q : 구체적으로 어떤 일을 하는 것입니까?

—— 1,400명 이상의 외국인이 신청했습니다만, 간단히 말하자면 그 사람들을 가능한 한 희망하는 회사에 소개하는 것입니다. 즉 우리에게는 이러한 일을 할 수 있는 외국인이 있습니다만, 그 쪽에서 일할 수 없겠습니까라고요. 물론 회사 쪽에서도 이러한 조건의 외국인이 필요합니다만, 좋은 사람을 소개해 주겠습니까라는 말이 오기도 합니다. 즉, 외국인과 회사와의 소개 역할이지요.

Q : 그렇군요. 하지만 최근에는 불경기로 인해 ①어렵지는 않나요?

—— 네, 일본인도 좋은 일자리를 찾는 것은 어려우니까, 외국인이라면 더 어렵지요. 확실히 결정되는 것은 신청한 사람의 ② 5% 정도일까요.

Q : 장래에 일본에서의 취직을 희망하는 외국인에게 충고를 부탁 드립니다.

—— 글쎄요. 일본에서 일을 하고 싶은 사람에게는 일본인과 여행을 갈 수 있을 정도의 커뮤니케이션 능력을 갖추었으면 좋겠어요. 특히 유학생에게 말하고 싶습니다만, 경어 지식이라던가 어휘 양보다도 걱정인 것은 일본인과 교류한 경험이 부족하다는 것입니다. 조금은 말을 실수해도, 그것은 외국인이기 때문에 용서됩니다. 경어도 「です·ます」를 사용하여 이야기를 하고 있다면 실례가 되지 않습니다. 하지만, 화제의 선택이라던가 맞장구를 치는 방법이라던가 그 장소의 분위기를 느끼는 법이라던가 그러한 힘이 없으면, ③일본인과 함께 일할 때 곤란하게 됩니다. 나머지는 역시 일본문화에 적극적으로 관심을 갖는 것이겠지요.

(주1)不景気 : 사회의 경제 상태가 나쁜 것
(주2)就職 : 일을 하게 되는 것

어휘 紹介する 소개하다 | 具体的 구체적 | 条件 조건 | 不景気 불경기 | 敬語 경어 | 選ぶ 선택하다 | あいづちを打つ 맞장구를 치다 | 雰囲気 분위기 | 積極的 적극적

1 ① 어렵다고 했는데 무엇이 어려운가?
  1 자기가 하고 싶은 일을 찾는 것
  2 희망에 맞는 급료를 받는 것
  3 일본 회사에 외국인이 취업하는 것
  4 외국인에 대한 차별을 없애는 것

정답 3
해설 「厳しい」는 '엄하다'라는 의미 외에 '어렵다, 힘들다'라는 의미도 있는데 여기서는 후자의 의미로 사용되었다. 따라서 불경기로 인해 힘든 주체를 찾는 문제이다. 그 질문에 대한 답은 아래 문장의 '외국인의 일자리 찾기'라는 것을 알 수 있다.

2 ② 5% 정도라고 했는데, 무엇이 5% 정도인가?
  1 희망하는 회사의 조건이 확실하게 정해져 있는 외국인의 비율
  2 희망하는 사원의 조건이 확실하게 정해져 있는 회사의 비율
  3 희망하는 조건의 일본 회사에 취직한 외국인의 비율
  4 희망하는 조건의 사원을 입사시킬 수 있었던 회사의 비율

정답 3

해설 밑줄 앞부분의 「ちゃんと決まるのは」는 외국인이 일본 회사에 취직하는 것을 의미한다. 그러므로 「5％ぐらい」는 일본 회사에 취직하는 외국인의 비율을 말한다. 따라서 정답은 3번이다.

3 ③ 일본인과 함께 일할 때 곤란해진다는 것은 어떤 사람인가?
　1 정중한 말투를 잘 못 쓰는 사람
　2 잘 모르는 말이 많은 사람
　3 「です・ます」밖에 못 쓰는 사람
　4 항상 같은 주제밖에 이야기 못 하는 사람

정답 4

해설 밑줄 바로 앞문장의 '그러한 힘이 없으면'이 가리키는 것이 '화제의 선택', '맞장구 치는 법', '분위기를 느끼는 법'이고, 이러한 힘이 없으면 일본인과 일할 때 곤란해진다고 했으므로 정답은 4번이다

4 사장이 유학생에게 가장 하고 싶은 말은 무엇인가?
　1 일본인과 좀 더 여러 곳을 여행했으면 한다.
　2 좀 더 일본인과 교류해서 경험을 쌓았으면 한다.
　3 일본인과 좀 더 잘 이야기할 수 있게 되기를 원한다.
　4 좀 더 열심히 일본문화에 대해 공부하기를 바란다.

정답 2

해설 사장의 '유학생에 대한 충고'에서 그 대답을 찾을 수 있을 것이다. 크게 강조하고 있는 것은 '커뮤니케이션 능력'과 '일본 문화에 대한 적극적 관심'이라고 할 수 있다. 이 두 가지 사항을 잘 설명하고 있는 것은 2번이다. 1번은 여행을 이야기하고 있으므로 정답과 거리가 있으며, 3번과 4번은 각각 '커뮤니케이션 능력'과 '일본문화에 대한 학습'의 한쪽 면만을 이야기하고 있으므로 두 가지를 다 포함하고 있는 것은 2번이라고 할 수 있다.

정보검색

문제유형 | 정보검색

광고, 팸플릿 등의 정보문(600자 정도)에서 필요한 정보를 찾아낼 수 있는지를 묻는 문제이다.

포인트

① 〈問題7〉에서는 자신의 조건과 정보문을 대조하면서 대답하는 문제(예를 들면, 연령·성별·학년…… 등 4개 정도의 조건을 대조한다)와 필요한 정보가 정보문 전체의 어디에 있는지를 찾는 문제(예를 들면, 신청서에 관한 문제라면 전체의 내용이나 신청하는 방법, 제출서류 등이 씌어져 있는 부분을 찾는 법 등) 등이 출제된다.

② 자신의 조건과 정보문을 대조하면서 답하는 문제는, 문제를 읽고 확인해야만 하는 조건·항목은 무엇인지를 정확하게 파악하고 정보문에서 기본이 되는 조건을 정한 뒤, 하나씩 체크해 가면 답을 찾을 수 있다.

③ 필요한 정보가 정보문 전체의 어디에 있는지를 찾는 문제에 관해서는 우선 문제의 문장과 선택지를 읽고 필요한 정보가 무엇인가를 파악하는 것이 필요하다. 그리고 나서 그것이 정보문 전체의 어느 부분에 쓰여 있는지를 찾으면 된다.

④ 예외에 주의할 것. 「注意, ～以外, ～だけ *」 등의 단어나 마크에 주의하자.

학습요령

일본 생활에서 직접 볼 수 있는 정보문을 사용해서 자신에게 필요한 정보를 바로 찾을 수 있는 능력이 있는가를 확인하는 문제이다. 한국의 학습자는 평소 이러한 스타일의 문장을 읽는 연습을 거듭하여 문장에 익숙해지면 좋다.

問題7 右のページの「工場見学のご案内」と「お申込み可能日」を見て、質問に答えなさい。
　　　答えは、1・2・3・4から最もよいものを一つえらびなさい。

1 次の人のなかで申し込みができる人はだれですか。

　1　日本の会社で、日本語を使って仕事をしている外国人

　2　家族6人で見学したい日本人

　3　仕事が終わってから、5時から見学したい会社員

　4　パソコンを持っていないので、携帯電話で申し込みたい小学生

2 次の人はいつ見学できますか。

> 　僕は学生です。授業は月曜から金曜までで、午前のクラスなので、午後は授業がありません。クラスの友だち20人で一緒に見学に行きたいと思っています。月曜と火曜は午後アルバイトをする人がいるので、ほかの日に、行きたいです。見学できる日がありますか。

　1　5月には見学できる日はありません。

　2　5月7日、14日、28日の午後、見学できます。

　3　5月19日の午前、見学できます。

　4　5月9日、30日の午後、見学できます。

工場見学のご案内

５月お申込み可能日

月	火	水	木	金	土	日
	1 ――	2 ――	3 ――	4 ――	5 ――	6 ――
7	8 ○○	9 ○△	10 △△	11 △△	12 ――	13 ――
14 ○○	15 ○○	16 ××	17 ××	18 ××	19 ――	20 ――
21 ○△	22 ○○	23 ××	24 △△	25 △×	26 ――	27 ――
28 ○○	29 ○○	30 ○△	31 ○△			

○見学できます　△10人以下なら見学できます
×いっぱいです　－工場の休みの日です
左は午前、右は午後です。○×なら午前は見学できますが、午後はできません。

● 見学できる日　　月～金曜日
　　　　　　　　　第１回　　10：00 ～ 12：00
　　　　　　　　　第２回　　14：00 ～ 16：00

● 見学内容　　　　ビデオ・説明・見学・体験コーナー
　　　　　　　　　外国語での案内は行っておりませんので、
　　　　　　　　　日本語の説明がお分かりにならない外国の方は
　　　　　　　　　通訳の方とご一緒にいらっしゃってください。

● 見学人数　　　　8 ～ 90名様　（7名様以下ではお申し込みになれません）

● お申し込み　　　見学日の3か月前からインターネットで受け付けます。
　　　　　　　　　カレンダーを見て、お申し込みください。
　　　　　　　　　お申し込みはパソコンのメールをご利用ください。
　　　　　　　　　携帯電話のメールではご利用いただけません。

問題7 右のページのスポーツセンターの案内を見て、質問に答えなさい。答えは1・2・3・4から最もよいものを一つえらびなさい。

1 田中さんは、6月からプールに通いたいと思っています。しかし、およぐのは上手ではありません。月曜から金曜は会社があるので通えません。どのコースがいいですか。

　　1　水泳A

　　2　水泳B

　　3　水中たいそう

　　4　水中ヨガ

2 森田さんは、5月から学校の授業_{じゅぎょう}のない日（火曜日と金曜日）に通うつもりです。午後はアルバイトがあります。また、森田さんはおよげません。どのコースがいいですか。

　　1　ヨガ

　　2　水泳A

　　3　水中ヨガ

　　4　ダンス

4月から新しいこと、はじめてみませんか？

コース名	レベル	期間 きかん	曜日	時間
ヨガ	・はじめてのひと	4月6日〜7月20日 ※とちゅうからは 　入れません。	毎週　火曜日	10：00〜12：00
ダンス	・はじめてのひと ・少し習ったこと のある人	4月〜7月 ※とちゅうからは 　入れません。	毎週　土曜日	午後2時〜4時
水泳A すいえい （午前・午後 コース）	・25mくらい およげる人	1年中、いつからで もはじめられます。	午前コース： 月曜日・水曜日 または 午後コース： 火曜日・金曜日	10：30〜12：00 または 14：00〜15：30
水泳B すいえい （土曜・日曜 コース）	・あまりおよげない 人	1年中、いつからで もはじめられます。	毎週　土曜日 または 毎週　日曜日	10：30〜12：30 または 14：00〜15：30
水中たいそう	・5m以上およげる 人 ※ぜんぜんおよげな い人はできません。	4月16日〜7月30日 ※とちゅうからでも 　入れます。	毎週　金曜日	20：00〜22：00
水中ヨガ	・どなたでも ※ぜんぜんおよげな い人もだいじょう ぶです。	4月13日〜6月22日 ※とちゅうからでも 　入れます。	毎週　火曜日	10：00〜11：30

問題7 右のページは、パーティーのお手伝い係を募集するための案内である。つぎの
　　　　文章を読んで、下の質問に答えなさい。答えは、1・2・3・4から最もよいもの
　　　　を一つえらびなさい。

　　ベトナム人のグエンさん(24歳 男性)は、パーティーのお手伝いをして、友達
をつくりたいと思っています。

　　グエンさんは、仕事をしています。平日は9時から5時までで、土曜日は9時か
ら12時までです。お休みは日曜日です。

1　グエンさんは、どの係ができるか。

　　1　料理係と受付係

　　2　料理係とゲーム係

　　3　ゲーム係と着付け係

　　4　着付け係と受付係

2　グエンさんがパーティーの係をするとき、パーティーの当日何時から何時まで
　　会場にいることになるか。

　　1　12時から16時ごろまで

　　2　12時から16時半ごろまで

　　3　13時から16時ごろまで

　　4　13時から16時半ごろまで

南町国際交流パーティーお手伝い係募集

南町国際交流クラブは、以下の日程で「国際交流パーティー」を開きます。
現在、パーティーのお手伝いをしてくださる係の方を募集しています。
パーティーの日時と係については以下の通りです。友達をつくるいいチャンスです。
いっしょにパーティーの準備をしませんか。

● パーティーについて
　・日時：12月12日（日）
　・場所　：南町コミュニティーセンター　2階ホール
　・時間　：13:00～16:00　（係の方は、12:00集合）
　　　　　　係の方は、パーティー終了後、会場の片づけをお願いします。
　　　　　　30分ぐらいで終わります。

● 係について

係	仕事内容	募集人数
料理係	韓国、中国、ベトナム、タイの料理を作って、販売する	各3人
茶道係	日本の茶道を紹介する	もうお願いしてあります
ゲーム係	ゲームの準備、ゲームをする時の司会	5人
民族服の着付け係	韓国、中国、ベトナム、インド、日本の民族服の着付け	各1～2人（女の人のみ）
受付係	当日の受付と案内	3人

☆ゲーム係は、パーティー前に準備をします。
　　　・第1回目　11月27日（土曜日）10時～12時
　　　・第2回目　12月4日（土曜日）10時～12時
　　　・場所　南町コミュニティーセンター2階研修室
☆料理係は、メニューを決める打ち合わせをします。
　　　・12月5日（日曜日）10時～12時
　　　・場所　南町コミュニティーセンター2階研修室

☆お手伝いをしてくださる方はお電話ください。
　南町国際交流クラブ　代表 佐藤　　電話番号 060-28××-33××

（注）着付け：人に服を着せること

問題7 右のページは、スーパーのポイントカードの案内である。つぎの文章を読んで、下の質問に答えなさい。答えは、1・2・3・4から最もよいものを一つえらびなさい。

> アンさんは、よく行くスーパーあさひやのポイントカードを作ろうと思っています。アンさんは、スーパーあさひやではいつも食料品を買い、買い物をするときは買ったものを入れるバッグを持っていきます。

1 ポイントカードを作るにはどうすればいいか。

1 はんこと身分証明書を持ってサービスカウンターへ行く。

2 ホームページから申し込み用紙をプリントしてスーパーに送る。

3 サービスカウンターで申し込み用紙 をもらって必要なことを書く。

4 サービスカウンターで申し込み用紙 を書いてレジ係に渡す。

2 アンさんは1月15日にポイントカードを作り、その日に2,100円買い物をした。何ポイント貯めることができるか。

1 40ポイント

2 42ポイント

3 60ポイント

4 62ポイント

スーパー　あさひや　ポイントカードのご案内

● 毎日のお買い物でポイントを貯める！

お買い物ポイント	お買い物をするごとに ポイントがつきます	105円ごとに1ポイント
ポイント2倍デー	毎月15日はポイント2倍デー ＜お買い物ポイントが２倍に！＞	105円ごとに2ポイント
ボーナスポイント	新しくポイントカードを作られた お客様	20ポイント
グリーンポイント	お買い物用バッグを持って お買い物のお客様	2ポイント

＊ボーナスポイントは、カードを作られた日にお買い物をされた場合にさしあげます。
＊カードは必ずレジでお支払いをする前にレジ係に渡してください。

● 貯まったポイントでお買い物！
　☆500ポイントで500円のお買い物券と交換できます。
　☆ポイントの交換はサービスカウンターで行っております。

● カードは無料で作れます。サービスカウンターで今すぐお申し込みを！
　・カードを作ったその日からポイントが貯められます。
　・申し込み用紙に、名前・連絡先などを記入するだけでお申し込みできます。
　・はんこ・身分証明書などは不要です。
　・申し込み用紙はサービスカウンターに置いてあります。
　　また、あさひやホームページからもプリントできます。

● もっと詳しく知りたい方は・・・あさひや HP　www.asahiya.XX.jp
　　　　　　　　　　サービスカウンター　TEL：03-3333-33XX

문제 7 오른쪽 페이지의 '공장 견학 안내'와 '신청 가능일'을 보고 질문에 답하세요. 답은 1·2·3·4에서 가장 적당한 것을 하나 고르세요.

> ## 공장 견학 안내

5월 신청 가능일

월	화	수	목	금	토	일
	1	2	3	4	5	6
	──	──	──	──	──	──
7	8	9	10	11	12	13
○○	○△	○△	△△	△△	──	──
14	15	16	17	18	19	20
○○	○○	××	××	××	──	──
21	22	23	24	25	26	27
○△	○○	××	△△	△×	──	──
28	29	30	31			
○○	○○	○△	○△			

○ 견학할 수 있습니다.　　　△ 10인 이하면 견학할 수 있습니다.
× 가득 찼습니다.　　　　　── 공장 쉬는 날입니다.

왼쪽은 오전, 오른쪽은 오후입니다.
○×면 오전은 견학할 수 있지만, 오후는 할 수 없습니다.

● 견학할 수 있는 날　월 ~ 금요일
　　　　　　　　　　제 1회　10:00 ~ 12:00
　　　　　　　　　　제 2회　14:00 ~ 16:00

● 견학 내용　　　　비디오 · 설명 · 견학 · 체험 코너
　　　　　　　　　　외국어로 안내는 실시하지 않고 있으므로
　　　　　　　　　　일본어 설명을 모르시는 외국 분은
　　　　　　　　　　통역하는 분과 함께 오세요.

● 견학 인원수　　　8 ~ 90분(7분 이하는 신청하실 수 없습니다)

● 신청　　　　　　견학일 3개월 전부터 인터넷에서 접수합니다.
　　　　　　　　　　달력을 보고 신청해 주세요.
　　　　　　　　　　신청은 컴퓨터 메일을 이용하십시오.
　　　　　　　　　　휴대전화 메일로는 이용하실 수 없습니다.

어휘 工場 공장 | 見学 견학 | 案内 안내 | 内容 내용 | ビデオ 비디오 | 説明 설명 | 体験 체험 | コーナー 코너 | 外国語 외국어 | 行う 행하다, 실시하다 | 通訳 통역 | 人数 인원수 | 申し込み 신청 | インターネット 인터넷 | 受け付け 접수 | カレンダー 달력 | 利用 이용 | 携帯電話 휴대전화 | メール 메일 | 可能 가능 | 右 오른쪽 | 左 왼쪽 | 午前 오전 | 午後 오후 |

1 다음 사람 중에서 신청할 수 있는 사람은 누구입니까?

　1 일본 회사에서 일본어를 사용하며 일하고 있는 외국인

　2 가족 6명으로 견학하고 싶은 일본인

　3 일이 끝나고 나서 5시부터 견학하고 싶은 회사원

　4 컴퓨터를 소유하고 있지 않기 때문에 휴대전화로 신청하고 싶은 초등학생

정답 1

해설 선택지 2번은 7명 이하가 되면 신청할 수가 없으므로 정답이 아니고, 3번은 오후 견학 시작이 2 ~ 4시라서 5시에는 견학을 할 수가 없으므로 정답이 아니다. 4번은 신청은 컴퓨터 메일로 해야 하며 휴대전화 메일은 이용할 수 없으므로 정답이 아니다. 마지막으로 외국어 안내가 없지만 일본어를 사용하는 외국인이면 신청이 가능하므로 1번이 정답이다.

2 다음 사람은 언제 견학할 수 있습니까?

나는 학생입니다. 수업은 월요일에서 금요일 까지고 오전 클래스이므로 오후에는 수업이 없습니다. 학급 친구 20명과 함께 견학하러 가고 싶습니다. 월요일과 화요일은 오후 아르바이트를 하는 사람이 있기 때문에 다른 날에 가고 싶습니다. 견학할 수 있는 날이 있습니까?

　1 5월에는 견학할 수 있는 날이 없습니다.

　2 5월 7일, 14일, 28일 오후에 견학할 수 있습니다.

　3 5월 19일 오전, 견학할 수 있습니다.

　4 5월 9일, 30일 오후에 견학할 수 있습니다.

정답 1

해설 정리해 보면, 오후 가능 / 20명 / 월요일, 화요일 불가능이다. 20명 이상이며, 오후가 되는 날은 8일과 21일을 뺀 월요일과 화요일– 7, 14, 15, 22, 28, 29일인데 이 날은 아르바이트 하는 사람이 있어서 안 되므로 5월에는 견학할 수 있는 날이 없다.

문제 7 오른쪽 페이지의 스포츠 센터 안내를 보고 질문에 답하세요. 답은 1・2・3・4에서 가장 적당한 것을 하나 고르세요.

4월부터 새로운 것, 시작해 보지 않겠습니까?

코스이름	수준(레벨)	기간	요일	시간
요가	·처음 하는 사람	4월 6일~ 7월 20일 ※도중부터는 들어올 수 없습니다.	매주 화요일	10:00 ~ 12:00
댄스	·처음 하는 사람 ·조금 배운 적이 있는 사람	4월~7월 ※도중부터는 들어올 수 없습니다.	매주 토요일	오후2시 ~ 4시
수영A (오전・오후 코스)	·25m정도 헤엄칠 수 있는 사람	일년 중, 언제부터라도 시작할 수 있습니다.	오전 코스: 월요일·수요일 또는 오후 코스: 화요일·금요일	10 : 30 ~ 12 : 00 또는 14 : 00 ~ 15 : 30
수영B (토・일요 코스)	·그다지 수영을 잘하지 못 하는 사람	일년 중, 언제부터라도 시작할 수 있습니다.	매주 토요일 또는 매주 일요일	10 : 30 ~ 12 : 30 또는 14 : 00 ~ 15 : 30
수중체조	·5m이상 헤엄칠 수 있는 사람 ※전혀 수영을 못하는 사람은 할 수 없습니다.	4월 16일~ 7월 30일 ※도중부터라도 들어올 수 있습니다.	매주 금요일	20 : 00 ~ 22 : 00
수중요가	·누구라도 ※ 전혀 수영을 못하는 사람도 괜찮습니다.	4월 13일~ 6월 22일 ※도중부터라도 들어올 수 있습니다.	매주 화요일	10 : 00 ~ 11 : 30

어휘 新しい 새롭다 | 始める 시작하다 | 授業 수업 | プール 수영장 | 通う 다니다 | レベル 수준 | 期間 기간 | 曜日 요일 | ヨガ 요가 | ダンス 댄스 | 習う 배우다 | 水泳 수영 | 途中 도중 | 毎週 매주 | 泳ぐ 헤엄치다, 수영하다 | 体操 체조 | 水中 수중

1 다나카 씨는 6월부터 수영장에 다니고 싶어 합니다. 그러나 수영을 잘 못합니다. 월요일부터 금요일은 회사에 가기 때문에 다닐 수 없습니다. 어느 코스가 좋겠습니까?

1 수영A
2 수영B
3 수영 체조
4 수중 요가

정답 2

해설 이 문제는 선택지에 제시된 코스만 확인하면 된다. 수영A 코스는 레벨과 요일(월·금, 화·수)이 맞지 않고, 수영 체조와 수영 요가 코스도 각각 요일이 맞지 않으므로, 2번 수영B 코스만 가능하다.

2 모리타 씨는 5월부터 학교 수업이 없는 날(화요일과 금요일)에 다닐 생각입니다. 오후에는 아르바이트가 있습니다. 또한 모리타 씨는 수영을 못합니다. 어느 코스가 좋겠습니까?

1 요가
2 수영A
3 수중 요가
4 댄스

정답 3

해설 이 문제 역시 선택지에 제시된 코스만 살펴보자. 요가 코스는 강습기간 도중에 들어갈 수 없고, 수영A 코스는 레벨이 맞지 않으며, 댄스 코스는 도중 수강이 불가능하고 요일이 맞지 않으므로, 3번 수중 요가 코스만 가능하다.

확인문제 3

미나미마치 국제 교류 파티 도우미담당 모집

미나미마치 국제 교류 클럽은 아래와 같은 일정으로 「국제 교류 파티」를 엽니다.
현재 파티 도우미를 해주실 담당자를 모집하고 있습니다.
파티 날짜와 담당에 관해서는 아래와 같습니다. 친구를 만들 좋은 기회입니다.
함께 파티 준비를 하지 않겠습니까?

● 파티에 관해서
· 날짜 : 12월 12일(일)
· 장소 : 미나미마치 커뮤니티 센터 2층 홀
· 시간 : 13:00~16:00 (담당자는 12:00 집합)
　　　　 담당자는 파티 종료 후, 회장 뒷정리를 부탁합니다.
　　　　 30분 정도면 끝납니다.

● 담당에 관해서

담당	업무 내용	모집 인원
요리 담당	한국, 중국, 베트남, 태국 요리를 만들어서 판매	각 3명
다도 담당	일본 다도를 소개	이미 부탁했습니다
게임 담당	게임 준비, 게임을 할 때 사회	5명
민족 의상을 입혀주는 담당	한국, 중국, 베트남, 인도, 일본 민족의상을 입혀 줌	각 1~2명(여성만)
접수 담당	당일 접수와 안내	3명

☆게임 담당은 파티 전에 준비를 하겠습니다.
　　　　· 제 1회　11월 27일(토요일) 10시~12시
　　　　· 제 2회　12월 4일(토요일) 10시~12시
　　　　· 장소 미나미마치 커뮤니티 센터 2층 연수실
☆요리 담당은 메뉴를 결정하는 미팅을 하겠습니다.
　　　　· 12월 5일(일요일) 10시~12시
　　　　· 장소 미나미마치 커뮤니티 센터 2층 연수실
☆도우미를 해주실 분은 전화 주세요.
　　　　미나미마치 국제 교류 클럽　대표 사토　전화번호 060-28××-33××

(주1) 着付け : 다른 사람에게 옷을 입히는 것

어휘 国際 국제 | 交流 교류 | 手伝い 거듦 | 係 담당 | 募集 모집 | 以下 이하 | 日程 일정 | 現在 현재 | 日時 일시 | 集合 집합 | 販売する 판매하다 | 茶道 다도 | 司会 사회 | 民族 민족 | 着付け 다른 사람에게 옷을 입히는 것 | のみ ～만, ～뿐 | 受け付け 접수 | 打ち合わせ 미팅, (작은) 회의 | 代表 대표

문제7 오른쪽 페이지는 파티의 도우미 담당을 모집하기 위한 안내이다. 다음 글을 읽고, 아래의 질문에 답하세요.
답은 1・2・3・4에서 가장 적당한 것을 하나 고르세요.

> 베트남인 구엔 씨(24세 남성)는 파티 도우미를 해서 친구를 만들고 싶다고 생각하고 있습니다. 구엔 씨는 일을 하고 있습니다.
> 평일 9시부터 5시까지이고, 토요일은 9시부터 12시까지입니다. 쉬는 날은 일요일입니다.

1 구엔 씨는 무슨 담당을 할 수 있는가?
   1 요리 담당과 접수 담당
   2 요리 담당과 게임 담당
   3 게임 담당과 옷을 입혀주는 담당
   4 옷을 입혀주는 담당과 접수 담당

정답 1
해설 구엔 씨는 평일 9시부터 5시까지, 토요일은 9시부터 12시까지 일을 하고 있기 때문에 파티 도우미를 하기 위해서는 다음과 같은 조건이 맞아야 한다. 토요일에 10시부터 12시까지 준비를 해야 하는 게임 담당과 이미 담당자가 내정된 다도 담당, 여성만 담당할 수 있는 민족 의상 입히기의 3가지 도우미는 구엔 씨 조건에 해당이 되지 않는다. 따라서 구엔 씨가 할 수 있는 것은 요리 담당과 접수 담당이다. 그러므로 정답은 1번이다.

2 구엔 씨가 파티 담당을 할 때, 파티 당일 몇 시부터 몇 시까지 회장에 있게 되는가?
   1 12시부터 16시경까지
   2 12시부터 16시 반경까지
   3 13시부터 16시경까지
   4 13시부터 16시 반경까지

정답 2
해설 파티는 13시부터 16시까지 열린다. 그런데 파티 담당 도우미는 12시까지 집합해야 하며, 파티가 끝나고 정리를 30분 정도 해야 하기 때문에 구엔 씨가 파티 당일에 있어야 하는 시간은 12시부터 16시 반 정도까지가 된다. 따라서 정답은 2번이다.

확인문제 4

문제 7 오른쪽 페이지는 슈퍼마켓의 포인트 카드 안내이다. 다음 글을 읽고, 아래의 질문에 대답하세요
답은 1・2・3・4에서 가장 적당한 것을 하나 고르세요.

슈퍼마켓 아사히야 포인트 카드 안내

●매일 쇼핑할 때마다 포인트를 적립한다！

쇼핑 포인트	쇼핑할 때마다 포인트가 적립됩니다.	105엔당 1포인트
포인트 2배의 날	매월 15일은 포인트가 2배인 날 〈쇼핑 포인트가 2배로！〉	105엔당 2포인트
보너스 포인트	새롭게 포인트 카드를 만드신 고객	20포인트
그린 포인트	장바구니를 가지고 쇼핑하시는 고객	2포인트

＊보너스 포인트는 카드를 만드신 날에 쇼핑을 하신 경우에 드립니다.
＊카드는 반드시 계산대에서 계산을 하시기 전에 계산원에게 주시기 바랍니다.

●적립된 포인트로 쇼핑을!
　☆500 포인트로 500엔짜리 상품권과 교환할 수 있습니다.
　☆포인트 교환은 서비스 카운터에서 하고 있습니다.

●카드는 무료로 만드실 수 있습니다. 서비스 카운터에서 지금 바로 신청하세요!
　· 카드를 만드신 그 날부터 포인트 적립 가능합니다.
　· 신청용지에 이름 · 연락처 등을 기입하시는 것만으로 신청 가능합니다.
　· 도장 · 신분증명서 등은 필요 없습니다.
　· 신청용지는 서비스 카운터에 놓여 있습니다.
　　또는 아사히야 홈페이지에서도 프린트할 수 있습니다.

●더욱 상세한 내용을 알고 싶은 분은・・・　　아사히야 HP　www.asahiya.XX.jp
　　　　　　　　　　　　　　　　　　　　서비스 카운터 TEL : 03-3333-33XX

어휘　食料品 식료품｜案内 안내｜貯める 모으다｜～ごとに ～마다｜レジ 계산대｜レジ係 계산원, 계산 담당자｜
渡す 건네주다｜貯まる 모이다｜交換する 교환하다｜無料 무료｜申し込み 신청｜用紙 용지｜連絡先 연락처｜
記入する 기입하다｜はんこ 도장｜身分証明書 신분증명서｜不要だ 필요 없다｜詳しい 자세하다, 상세하다

안 씨는 자주 가는 슈퍼마켓 아사히야의 포인트 카드를 만들려고 합니다. 안 씨는 슈퍼마켓 아사히야에서는 늘 식료품을 사고, 장을 보러 갈 때는 장본 것을 넣을 장바구니를 가지고 갑니다.

1 포인트 카드를 만들려면 어떻게 하면 되는가?
　　1　도장과 신분증명서를 가지고 서비스 카운터로 간다.
　　2　홈페이지에서 신청용지를 프린트해서 슈퍼마켓으로 보낸다.
　　3　서비스 카운터에서 신청용지를 받아 필요한 사항을 적는다.
　　4　서비스 카운터에서 신청용지를 써서 계산원에게 건네준다.

정답 3

해설 이런 유형의 문제는 질문에서 요구하고 있는 필요한 정보를 정확하게 파악하면 해결된다. 또한 너무 세세한 항목에 얽매이는 것보다는 먼저 큰 항목을 보고 질문 내용에 해당하는 항목이 어디인가를 빨리 파악하는 것이 중요하며 *나 ※부분에 정답을 알 수 있는 키워드, 혹은 오답으로 유도하기 위한 함정이 숨어 있는 경우가 많이 있으므로 주의해서 읽어야 한다. 먼저 문제에서 '포인트 카드 만드는 방법'을 묻고 있으므로 세 번째 ●부분을 봐야 한다. '서비스 카운터에서 신청을 하는 것이고 신청용지에 이름과 연락처를 기입하라고 했으며 도장, 신분증명서는 필요 없다'고 했다. 또한 '신청용지는 홈페이지에서 프린트도 가능하고 서비스 카운터에도 놓여 있다'고 했으므로 정답은 3번이 된다. '도장, 신분증명서'는 필요 없으므로 1번은 오답, '슈퍼마켓으로 보낸다'는 내용은 나와 있지 않으므로 2번도 오답이다. '계산원에게는 계산하기 전에 포인트를 쌓기 위해 카드를 주는 것'이므로 4번도 정답이 될 수 없다.

2 안 씨는 1월 25일에 포인트 카드를 만들고 그날 2,100엔어치 물건을 샀다. 몇 포인트를 모을 수 있는가?
　　1　40포인트
　　2　42포인트
　　3　60포인트
　　4　62포인트

정답 4

해설 먼저 첫 번째 ●의 표를 보면 105엔마다 1포인트가 쌓이는데 2,100엔 쇼핑을 했으므로 20포인트가 된다. 여기에 매월 15일은 포인트 2배인 날이므로 40포인트가 된다. 또 새롭게 포인트 카드를 만든 사람에게는 20포인트, 장바구니를 지참하는 사람에게는 2포인트가 추가되므로 즉 40 + 20 + 2 = 62이다.

問題4 次の(1)から(4)の文章を読んで、質問に答えなさい。答えは、1・2・3・4から最もよいものを一つえらびなさい。

(1)

これは、インターネットの通販会社に届いたメールである。

あて先：ザクザク通販＜4w8hb669@zakuzakum.co.jp＞
件名：交換のお願い

今日、商品を受け取りましたが、注文したものとは違う色のものが届きました。注文したのは青のイヤホン（商品番号：EYH0025B）ですが、届いたものは黒でした。確認してお返事ください。なお、もし、青の在庫がないようでしたら、白でもかまいませんが、来週の金曜日までに受け取ることができない場合は、注文をキャンセルして返金してください。よろしくお願いします。

吉村美紀（受注番号：250−9907−70439）

---

24 このメールを見て、通販会社がまずはじめにしなければならないことは何か。

1 青のイヤホンの在庫を調べる。

2 吉村さんにお金を返す手続を始める。

3 吉村さんに返信のメールを送ってあやまる。

4 黒のイヤホンを青か白のイヤホンと交換する。

(2)

マンションの入口に、このお知らせが貼ってある。

＜花マンション住民の皆様＞

ゴミを捨てる規則が、４月１日から下記の通り、一部変更になりますので、
皆様のご協力をお願い致します。

下記

１．ゴミは、収集日の前日午後６時から当日午前９時までに出してください。

（現在はＡＭ８：30までですので、30分遅くなります。）

２．ゴミは分けて、決められた曜日に出してください。

> 月曜日、木曜日：資源ゴミ
> 火曜日、金曜日：燃えるゴミ
> 水曜日：燃えないゴミ

なお、資源ゴミの分別方法については、みどり区のホームページ
（www.city.midori.lg.jp）をご覧ください。

３．家具や電気製品などの粗大ゴミは、みどり区のゴミ収集センター

（TEL：007－111－5353)に電話をしてから出してください。

―花マンション管理事務所

25 このお知らせから、分かることは何か。

1 ゴミを出すことができる時間が短くなった。

2 金曜日の夜は、ゴミを出してはいけない。

3 粗大ゴミは、ゴミ収集センターまで持って行かなければならない。

4 ゴミが資源ゴミかどうか分からない時は、週末に出せばいい。

(3)

> 夜ぐっすり眠りたければ、完全に部屋を暗くするのが最も効果的です。少し電気をつけたままにして寝る人もいますが、明るい部屋で寝ると、眠っている間も頭が働いてしまうので、しっかり眠ることができません。ですから、寝る時は、できるだけ部屋を暗くして寝ることが大切です。これは小さな子供にも同じことがいえます。頭も体も休める環境で寝かせることが、子供の成長には重要なのです。同じ理由で、寝ながら音楽を聞くこともやめたほうがいいようです。

26 寝ながら音楽を聞くこともやめたほうがいいとあるが、なぜか。

1 子供の成長によくないから。

2 子供が寝る時に、音楽は効果的ではないから。

3 ぐっすり眠るためには、頭も休めることが大切だから。

4 寝る時は、部屋をできるだけ暗くすることが大切だから。

(4)

　最近、歩きながら携帯電話で音楽を聞いたり、ゲームをしたりする人が増えている。車が通る道や、電車が発着するプラットホームなどでは本当に危険だ。実際に事故も起きている。歩きながら携帯電話を使うことはやめましょうと、街のあちこちでポスターやアナウンスなどを通して注意を呼びかけているが、なかなか数は減らないようだ。近頃は子供も携帯を持つことが普通になっているので、何かもっといい方法を考えなければならない時期に来ているようだ。

27 数は減らないとあるが、何の数が減らないのか。

1　音楽を聞いたりゲームをしたりすることができる携帯電話の数

2　注意を呼びかけるポスターやアナウンスの数

3　携帯電話を持っている子供の数

4　歩きながら携帯電話を使う人の数

問題5 つぎの(1)と(2)文章を読んで、質問に答えなさい。答えは、1・2・3・4から最も
よいものを一つえらびなさい。

(1)

　　携帯電話を持っている中高生が多い。すでに生活の中でなくてはならないもの
となっているようだ。どうして多くの中高生が携帯電話を持っているのだろうか。

　　携帯電話があれば、家族や友達の間でコミュニケーションがしやすくなるし、
すぐに連絡もできるので便利だ。また、ＳＮＳを使っていろいろな人たちとも交
流ができるし、わからないことがあればインターネットですぐに調べることもで
きる。

　　しかし、便利で楽しいはずの携帯電話が原因で、友達とけんかをしたり、夜遅
くまでゲームをして病気になったり、知らない人に情報を盗まれたりして、社会
問題になっている。

　　親や教師など周りにいる大人は、このような問題から子供たちを守る必要があ
る。子供たちも困ったことが起きた時は、すぐに周りの大人たちに相談しなくて
はいけない。そのためにも、携帯電話の使い方やルールを、家庭や学校でよく話
し合って決めておくことが大切だろう。

28 このような問題とあるが、何を指しているか。

1　中高生にとって、携帯電話がなくてはならないものになっていること

2　インターネットで、何でもすぐに調べることができること

3　けんかをしたり、病気になったり、情報を盗まれたりすること

4　困ったことがあったとき、周りにいる大人に相談できないこと

29 この文章を書いた人は、携帯電話が中高生にとって、いい点は何だと言っているか。

1　家族や友達にすぐに連絡できること

2　いろいろなゲームができること

3　コミュニケーションが上手になること

4　社会問題について考えるようになること

30 中高生の携帯電話について、この文章を書いた人が言いたいことは何か。

1　困ったことが起きるので、携帯電話は持たないほうがいい。

2　知らない人とも交流ができるので、携帯電話は持たなければならない。

3　携帯電話は子どもだけで使わないで、周りの大人と一緒に使わなければならない。

4　問題が起きないように、大人と子供が一緒になって携帯電話の使い方やルールを決めたほうがいい。

(2)

　年を取ると、髪が白くなってきます。これは、髪の毛の色素を作る働きが弱くなってくるためです。髪の毛は生えてくる前は、白いのですが、そこにメラニン色素が加えられることで黒くなったり、茶色くなったりするのです。このメラニン色素は、髪の毛の根もとにあるメラノサイトという細胞で作られます。このメラノサイトは栄養不足や睡眠不足や病気などでもダメージを受けることがありますが、年を取るとメラニン色素を作る力がどんどんなくなっていきます。

　人間の髪は、民族によって黒、茶色、金色などさまざまですが、どの髪の色の民族でも、年を取れば、髪は色を作ることができなくなって、白くなってしまいます。

　ところで、メラノサイトは髪の毛の根もとにありますから、まだ白くなっていない部分には影響を与えることができません。昔話には、ひどいショックのために、一晩で髪がまっ白になったという話が出てきますが、（　　　　　）。

(注1) 細胞：ここでは、体の中にある、小さな組織。

(注2) ダメージを受ける：ここでは、壊れる。

31 影響を与えるとあるが、何のことか。

1　ひどいショックを与えること
2　メラノサイトを作ること
3　メラニン色素を作ること
4　メラニン色素を作れなくなること

32 （　　　　）に入れるのに、最もよいものは、どれか。

1　そんなことは、考えられません。
2　そんなことは、昔はあったかもしれません。
3　それは、病気だったためかもしれません。
4　それは、本当にショックがひどかったためだと思います。

33 この文章の内容と合っているのは、どれか。

1　どの民族でも、メラノサイトが少なくなると髪は白くなる。
2　髪の毛の色は違っても、年を取れば髪は白くなる。
3　栄養のあるものを食べると、メラニン色素が多くなる。
4　髪の毛は、生えてくる前から黒くなっている。

問題6 つぎの文章を読んで、質問に答えなさい。答えは、1・2・3・4から最もよいものを一つえらびなさい。

　　自転車は移動手段としてはもちろん、ダイエットやスポーツなど、色々な目的で利用されているが、自転車の安全に気をつける人はまだ少ないようだ。自転車に乗る前にはブレーキやタイヤをチェックしたほうがいいし、オートバイに乗る時と同じようにヘルメットもしたほうがいい。自転車でもオートバイでも、転んで頭を打てば大けがをするから、ヘルメットは自動車のシートベルトのようなものだと言えるだろう。

　　最近は、自転車に乗っている人が加害者になってしまう事故も増えているため、自転車保険ができている。もし、①そんな事故を起こせば、場合によっては経済的負担に苦しむことになるので、もしもの時のために保険に入っておくこと^(注)も必要だろう。

　　もうひとつ、自転車に子供を乗せて走る人には、チャイルドシートにも②気をつけてほしい。子供の体に合うサイズを選ぶことはもちろんだが、子供は乗っている間にも、いたずらをしたり、あちこち体を動かしたり、眠ってしまうこともあるので、色々な場合を考えて安全でいいものを選んでもらいたい。
自転車は便利な乗り物だが、正しく利用しないと危険な乗り物になってしまう。しかし、利用者の 一人一人が、自転車はオートバイと同じだ自動車と同じだと考えれば、③どれも全部が必要だと、すぐに分かると思うのだが。

（注）経済的負担に苦しむ：ここでは、お金に困る

34 ①<u>そんな事故</u>とあるが、どんな事故か。

1 頭を打って大けがをする事故

2 自分が加害者になってしまう事故

3 自転車保険に入っていない事故

4 経済的に苦しくなる事故

35 ②<u>気をつけてほしい</u>とあるが、どうしてか。

1 チャイルドシートに子供を乗せて走るから

2 子供は保険に入ることができないから

3 子供は体がすぐに大きくなるから

4 子供はじっとしていないし、寝てしまうこともあるから

36 ③<u>どれも全部</u>とあるが、何を指しているか。

1 自転車とオートバイとヘルメット

2 自転車とオートバイと自動車

3 ブレーキやタイヤのチェック、ヘルメット、保険、安全なチャイルドシート

4 ブレーキやタイヤのチェック、ヘルメット、シートベルト、保険、安全なチャイルドシート

37 この文章を書いた人が、一番言いたいことは何か。

1 自転車はオートバイや自動車と同じだと考えて、安全に気をつけてほしい。

2 自転車は危険な乗り物だから、運転に気をつけて上手に乗ってほしい。

3 自転車に乗る時は、オートバイや自動車に気をつけて安全に乗ってほしい。

4 自転車は移動手段だから、ダイエットやスポーツのために利用しないでほしい。

問題7 次のページは、乗馬教室の案内である。これを読んで、下の質問に答えなさい。
答えは、1・2・3・4から最もよいものを一つえらびなさい。

38 会社員の中田望さん(26才，女性)は、この乗馬教室に参加したいと思っている。
申し込みはがきの正しい書き方はどれか。

1

① さくら市わかば町23－8－1
② 中田望（女）
③ 26才（会社員）
④ 070－555－3082
⑤ [1]の土曜日と[2]の日曜日に参加を希望します。

2

① さくら市わかば町23－8－1
② 中田望（なかたのぞみ）
③ 26才（女 / 会社員）
④ 070－555－3082
⑤ [2]を希望します。

3

① さくら市わかば町23－8－1
② 中田望（女）
③ 26才
④ 会社員
⑤ 070－555－3082
⑥ [1]を希望します。

4

① さくら市わかば町23－8－1
② 中田望（なかたのぞみ）
③ 26才（女）
④ 070－555－3082
⑤ [1]でも[2]でもかまいません。

39 この乗馬教室に申し込むことはできるが、さくら市民割引は受けることができない人は、次のうちどれか。

1 さくら市に住む鈴木さん（19才）は、高校を卒業して、就職はせずにアルバイトをしている。

2 さくら市に住む会社員の中村さん（43才）は、乗馬を十年以上も前に習ったので、もう一度はじめから習いたいと思っている。

3 大学生の山口さん（22才）は、みどり市に住んでいて、さくら市にある大学に家から通っている。

4 主婦の高橋さん（28才）は、みどり市に住んでいる。主人がさくら市のデパートに勤めているので、さくら市へはよく買い物に出かける。

<「初心者乗馬教室」の参加者を募集！>
さくら市乗馬センターでは、乗馬の楽しさを実感していただくため、
「初心者乗馬教室」の参加者を募集いたします。
皆様のご応募をお待ちしております。

実施日時	[1] 4月13日(土) 14日(日)　8：30 － 12：30 [2] 4月20日(土) 21日(日)　8：30 － 12：30 ※どちらも同じ内容です。両方に参加することはできません。	
場所	さくら市　乗馬センター	
募集人数	10名様程度 ※募集人数を超えた場合は抽選とさせていただきます。	
応募資格	・年齢18－45才の方（性別は問いません） ・2日間続けて来ていただける方 ・過去に乗馬の経験のない方	
参加費用	・一般：3,000円 ・さくら市民：2,000円	乗馬料金, 指導料, ヘルメットレンタル料, スポーツ傷害保険料が含まれます。
	※さくら市民割引は、さくら市に在住または、在勤、在学の方に適用されます。	
応募方法	はがきに以下の内容をご記入のうえ、ご応募ください。 ・住所・氏名（ふりがな）・年齢・性別・職業・電話番号・希望日時 ※希望日時は、どちらかを選んで[1]または[2]と数字でお書きください。 ※当選された方には、持参物や服装などの詳しい案内書を送付いたします。	
応募締切	3月16日(木) 必着	
応募先	〒111－0022 さくら市さくら町2－3－5 さくら市乗馬センター「初心者乗馬教室」係	
その他	乗馬教室の見学も可能です。詳しくは TEL：003－277－1020までお問い合わせください。	

문제 4 다음 (1)～(4)의 글을 읽고, 질문에 답하세요. 답은 1·2·3·4에서 가장 적당한 것을 하나 고르세요.

(1)

이것은 인터넷 통신 판매 회사로 도착한 메일이다.

수신처 : 자쿠자쿠 통판<4w8hb669@zakuzakum.co.jp>
제목 : 교환 요청

오늘 상품을 받았는데, 주문한 것과는 다른 색의 물건이 도착했습니다.
주문한 것은 파란 이어폰(상품번호 : EYH0025B)인데, 도착한 것은 검정이었습니다. 확인해서 답장 주세요.
아울러 만약 파란색 재고가 없으면 하얀색도 상관없지만, 다음 주 금요일까지 받을 수 없을 경우에는 주문을 취소하고 환불해 주세요.
잘 부탁 드립니다.

요시무라 미키 (발주번호 : 250-9907-70439)

어휘 宛先(우편물 등의) 수신처, 수신인 | 通販 통신 판매 | 件名 건명, 제목 | 交換 교환 | 商品 상품 | 受け取る 받다,
수취하다 | 注文 주문 | イヤホン 이어폰 | 届く 닿다, 이르다 | 確認 확인 | 返事 대답, 답장 | 在庫 재고 | キャンセルする
취소하다 | 返金 돈을 돌려줌, 환급

---

24 이 메일을 보고, 통신 판매 회사가 우선 처음으로 해야 하는 것은 무엇인가?
  1 파란색 이어폰의 재고를 조사한다.
  2 요시무라 씨에게 환불 절차를 시작한다.
  3 요시무라 씨에게 답장 메일을 보내고 사과한다.
  4 검정색 이어폰을 파란색이나 흰색 이어폰과 교환한다.

정답 1

해설 제목에서 알 수 있듯이, 고객이 이메일을 보낸 이유는 교환 요청이다. 고객이 주문한 상품(파란색 이어폰)과 다른 상품(검은색 이어폰)이 도착하여, ① 파란색 재고가 없을 경우 하얀색을 보내줘도 상관없지만, ② 다음 주 금요일까지 상품을 받지 못할 경우에는 주문 취소, 환불처리해 달라고 요청한다. 따라서 통신 판매 회사가 가장 먼저 해야 할 일은 파란색 이어폰의 재고를 조사하는 것이다. 그리고 주의해야 할 선택지는 3번이다. 일반적으로는 이와 같은 교환 요청의 메일을 받으면 바로 사과의 메일을 보내지만, 고객은 '확인해서 답장을 주세요'라고 했기 때문에 일반적인 상식으로 문제를 풀어서는 안 되고 독해문 그대로를 읽고 의도를 잘 파악해야 한다.

맨션 입구에 이 알림문이 붙어 있다.

〈하나 맨션 주민 여러분〉

쓰레기를 버리는 규칙이 4월 1일부터 아래와 같이 일부 변경되었으므로, 여러분의 협조를 부탁 드립니다.

— 아 래 —

1. 쓰레기는 수거일 전날 오후 6시부터 당일 오전 9시까지 배출해 주세요.
    (현재는 AM 8 : 30분까지이므로, 30분 늦어집니다.)
2. 쓰레기는 분리해 정해진 요일에 배출해 주세요.
    월요일, 목요일 : 재활용 쓰레기
    화요일, 금요일 : 타는 쓰레기
    　　　　수요일 : 타지 않는 쓰레기
    아울러 자원(재활용) 쓰레기의 분리방법에 대해서는 미도리구 홈페이지
    (www.city.midori.lg.jp)를 참조해 주세요.
3. 가구나 전기제품 등의 대형쓰레기는 미도리구 쓰레기 수거센터
    (TEL : 007−111−5353)에 전화 후 배출해 주세요.

— 하나 맨션 관리사무소

어휘 入口 입구 | お知らせ 알림, 통지 | 貼る 붙이다 | 住民 주민 | ゴミ 쓰레기 | 捨てる 버리다 | 規則 규칙 | ~通り ~대로 | 下記 하기, 아래에 기술함 | 一部 일부 | 変更 변경 | 協力 협력 | 収集日 수집일, 수거일 | 当日 당일 | 資源ゴミ 자원(재활용) 쓰레기 | 燃えるゴミ 타는 쓰레기 | ゴミ分別 쓰레기 분리 | ご覧ください 봐 주십시오 (見る(보다)의 존경어) | 家具 가구 | 電気製品 전기제품 | 粗大ごみ 대형 쓰레기 | 管理事務所 관리사무소

25 이 알림문에서 알 수 있는 것은 무엇인가?

1 쓰레기를 배출할 수 있는 시간이 짧아졌다.
2 금요일 밤은 쓰레기를 배출해서는 안 된다.
3 대형 쓰레기는 쓰레기 수집센터까지 가지고 가야 한다.
4 쓰레기가 재활용 쓰레기인지 아닌지 알 수 없을 때는 주말에 배출하면 된다.

정답 2

해설 이 문제의 경우, 지문을 다 읽고 문제를 푸는 것보다 선택지를 소거해가며 푸는 것이 효과적이다. 쓰레기 배출시간이 기존 시간보다 30분 늦춰졌기 때문에 1번은 오답이며, 쓰레기는 수거일 전날 오후 6시부터 당일 오전 9시까지 배출해야 하므로 금요일 밤에는 쓰레기를 배출해서는 안 된다. 따라서 2번이 정답이다. 대형 쓰레기는 수거센터에 전화를 한 후 배출하면 되기 때문에 3번은 오답이며, 4번은 서술되어 있지 않다.

(3)

밤에 푹 자고 싶다면, 완전히 방을 어둡게 하는 것이 가장 효과적입니다. 약하게 불을 켠 채로 자는 사람도 있지만, 밝은 방에서 자면 자는 동안에도 머리가 활동하기 때문에 제대로 잘 수 없습니다. 그래서, 잘 때는 되도록 방을 어둡게 하고 자는 것이 중요합니다. 이것은 어린 아이에게도 마찬가지라고 말할 수 있습니다. 머리도 몸도 쉴 수 있는 환경에서 자게 하는 것이 아이의 성장에는 중요한 것입니다. 같은 이유로, <u>자면서 음악을 듣는 것도 그만두는 게 좋을 것 같습니다.</u>

> **어휘** ぐっすり 깊은 잠을 자는 모양, 푹 | 眠る 자다, 잠들다 | 完全に 완전히 | 暗い 어둡다 | 最も 가장, 제일 | 効果的 효과적 | 電気をつける 전기를 켜다 | 頭が働く 일하다, 머리가 활동하다, 움직이다 | しっかり 단단히, 확실히, 똑똑히 | 環境 환경 | 成長 성장 | 重要だ 중요하다 | 理由 이유 | 止める 그만두다, 중지하다

26 자면서 음악을 듣는 것도 그만두는 게 좋다고 했는데 왜인가?
1 아이의 성장에 좋지 않으니까
2 아이가 잘 때, 음악은 효과적이지 않으니까
3 푹 자기 위해서는 머리도 쉬는 것이 중요하니까
4 잘 때는 방을 되도록 어둡게 하는 것이 중요하니까

정답 3

해설 밑줄의 앞부분에서「同じ理由で(같은 이유로)」라는 것이 무엇을 말하는지 생각해 보자. 밝은 방에서는 자는 동안에도 머리가 활동을 하기 때문에 푹 잘 수 없으며, 같은 이유로 아이에게 머리도 몸도 쉴 수 있는 환경에서 자게 하는 것이 중요하다고 말하고 있다. 또 푹 잠들기 위해서는 머리도 쉬게 해야 되기 때문에 자면서 음악을 듣는 것도 그만두는 것이 좋다고 하는 3번이 정답이다. 이 문제의 경우 선택지 1번을 주의해야 하며, 자면서 음악을 듣는 것을 그만두어야 하는 이유를 단순히 앞 문장의 '아이의 성장에 중요하기 때문에'를 읽고 답을 선택하지 않도록 주의하자.

(4)

최근 걸으면서 휴대전화로 음악을 듣거나 게임을 하거나 하는 사람이 늘고 있다. 차가 지나가는 길이나 전철이 오가는 플랫폼 등에서는 정말로 위험하다. 실제로 사고도 일어나고 있다. 걸으면서 휴대전화를 사용하는 것은 그만두자고 거리 여기 저기서 포스터나 방송 등을 통해서 주의를 당부하고 있지만, 좀처럼 <u>수는 줄어들지 않는</u> 것 같다. 최근에는 어린이도 휴대전화를 가지는 것이 보통이기 때문에, 뭔가 더 좋은 방법을 생각해야 할 시기에 와 있는 것 같다.

> **어휘** 携帯電話 휴대전화 | 増える 늘어나다, 불어나다 | 発着 발착 (출발과 도착) | プラットホーム 플랫폼 | 危険 위험 | 実際に 실제로 | 事故 사고 | 起きる 일어나다 | 街 거리 | ポスター 포스터 | アナウンス 방송 | なかなか + ～ない 좀처럼, 쉽사리 ～지 않다 | 注意を呼びかける 주의를 당부하다 | 数 수 | 減る 줄어들다, 적어지다 | 近頃 요즘, 최근 | 時期 시기

27 수는 줄지 않는다고 했는데, 어떤 수가 줄지 않는 것인가?
1 음악을 듣거나 게임을 하거나 할 수 있는 휴대전화의 수
2 주의를 당부하는 포스터나 방송의 수
3 휴대전화를 가지고 있는 아이들의 수
4 걸으면서 휴대전화를 사용하는 사람의 수

정답 4

문제 5 다음 (1)과 (2)의 글을 읽고, 질문에 답하세요. 답은 1 · 2 · 3 · 4에서 가장 적당한 것을 하나 고르시오.

(1)

휴대전화를 가지고 있는 중 · 고생이 많다. 이미 생활 속에 없어서는 안 되는 것이 된 듯하다. 어째서 많은 중 · 고생이 휴대전화를 가지고 있는 것일까? 휴대전화가 있으면 가족이나 친구들 사이에서 커뮤니케이션을 하기 쉬워지고, 바로 연락도 할 수 있어서 편리하다. 또한, SNS를 사용해 다양한 사람들과도 교류를 할 수 있고, 모르는 것이 있으면 인터넷으로 바로 찾을 수도 있다.

그러나 편리하고 즐거워야 할 휴대전화가 원인으로 친구와 싸우거나 밤 늦게까지 게임을 해서 병이 나거나, 모르는 사람에게 정보를 도난 당하기도 해서 사회문제가 되고 있다.

부모나 교사 등 주위에 있는 어른들은 <u>이러한 문제</u>로부터 아이들을 지킬 필요가 있다. 아이들도 곤란한 일이 생겼을 때는 바로 주위 어른들에게 상담해야 한다. 그러기 위해서도 휴대전화의 사용법이나 규칙을 가정이나 학교에서 서로 잘 의논해 정해두는 것이 중요할 것이다.

어휘 中高生 중 · 고등학생 | すでに 이미, 벌써 | どうして 어째서 | 交流 교류 | 調べる 조사하다, 찾다 | 便利だ 편리하다 | 原因 원인 | 病気 병 | 情報 정보 | 盗む 훔치다 | 社会問題 사회문제 | 親 부모 | 教師 교사 | 周り 주위, 근처 | 大人 어른 | 守る 지키다 | 必要 필요 | 困る 곤란하다, 어려움을 겪다 | 相談 상담 | 使い方 사용법 | ルール 룰, 규칙 | 家庭 가정 | 話し合う 서로 이야기 하다 | 決める 결정하다

28 이러한 문제라고 했는데 무엇을 가리키는가?

1 중 · 고생에게 있어 휴대전화가 없어서는 안 될 것이 되었다는 것
2 인터넷으로 무엇이든지 금방 찾을 수 있다는 것
3 싸움을 하거나 병이 나거나 정보를 도난 당하거나 하는 것
4 곤란한 일이 있을 때, 주위에 있는 어른에게 상담할 수 없는 것

정답 3

해설 편리하고 즐거워야 할 휴대전화로 인해 일어나는 여러 가지 문제들이 사회적 문제가 되고 있다고 지적하고 있는 부분에서 이러한 문제들로부터 주위 어른들은 아이들을 지킬 필요가 있다고 했으므로 정답이 3번이라는 것을 유추할 수 있다. 하지만 아이들도 휴대전화를 사용함으로서 일어나는 여러 문제점을 주위 사람들(어른)과 상담해야 하며, 그러기 위해서도 올바른 사용법이나 규칙 등을 정할 필요가 있다고 했지만 이것은 질문의 '이러한 문제'가 가리키는 사항은 아니므로 1, 4번은 오답이다.

29 이 문장을 쓴 사람은 휴대전화가 중 · 고생에게 있어 좋은 점은 무엇이라고 말하는가?

1 가족이나 친구에게 바로 연락할 수 있는 것
2 다양한 게임을 할 수 있는 것
3 커뮤니케이션을 잘 하게 되는 것
4 사회문제에 대해서 생각하게 되는 것

정답 1

해설 이 문제의 경우, 정답 선택에 주의해야 할 것은 1번과 3번이다. 앞문장에서 휴대전화가 있으면 가족이나 친구들 사이에서 커뮤니케이션을 하기 쉬워지고, 바로 연락도 할 수 있다고 했으므로 1번이 정답입니다. 그러나 편리함을 말하는 1번 커뮤니케이션을 하기 쉬워지는 것이 커뮤니케이션을 잘하게 된다는 의미는 아니므로 3번은 오답이 된다.

30 중·고생의 휴대전화에 대해서, 이 글을 쓴 사람이 말하고 싶은 것은 무엇인가?

　1 곤란한 일이 일어나기 때문에, 휴대전화는 없는 편이 좋다.
　2 모르는 사람과 교류를 할 수 있기 때문에, 휴대전화는 가지고 있어야 한다.
　3 휴대전화는 아이만 사용하지 말고 주변 어른과 함께 사용해야 한다.
　4 문제가 일어나지 않도록 어른과 어린이가 함께 휴대전화의 사용법이나 규칙을 정하는 편이 좋다.

정답 4

해설 「しかし(그러나)」 역접의 접속사 뒤에는 대부분 앞의 사항이 사실이고 인정할 건 인정하나 자신은 '~이라고 생각한다'는 필자의 생각과 연결되므로 주의해서 읽자. 중·고생의 휴대전화의 사용에 대해 좋은 점도 있지만, 다른 한편으로 야기되는 여러 가지 사회적 문제로부터 아이들을 지켜야 하며 곤란한 일이 일어났을 때 어른들과 상담하며 함께 가정이나 학교에서 서로 의논하여 결정해 두는 것이 중요하다고 했으므로 4번이 정답이다.

(2)

나이를 먹으면, 머리가 희어집니다. 이것은 머리카락의 색소를 만드는 기능이 약해지기 때문입니다.

머리카락은 자라기 전에는 하얗지만, 거기에 멜라닌 색소가 더해져 검게 되거나 갈색이 되거나 하는 것입니다. 이 멜라닌 색소는 머리카락의 뿌리에 있는 멜라노사이트라는 세포에서 만들어집니다. 이 멜라노사이트는 영양 부족이나 수면 부족과 질병 등으로도 파괴되는 경우가 있지만, 나이를 먹으면 멜라닌 색소를 만드는 힘이 점점 없어집니다.

인간의 머리는 민족에 따라 검정, 갈색, 금색 등 다양한데, 어떤 머리색의 민족이라도 나이를 먹으면 머리 색을 만들 수가 없게 되어 희어지고 맙니다.

그런데, 멜라노사이트는 머리카락의 뿌리에 있기 때문에 아직 희어지지 않은(세지 않은) 부분에까지 <u>영향을 주지는</u> 않습니다.

옛날 이야기에는 심한 쇼크 때문에 하룻밤에 새하얗게 되었다는 이야기가 나오지만, (　　　　).

(주1) 세포 : 여기에서는 '몸속에 있는 작은 조직'
(주2) 데미지를 입다 : 여기에서는 '파괴되다'

어휘 | 年を取る 나이를 먹다 | 頭 머리 | 髪 머리카락 | 白い 희다 | 髪の毛 머리카락, 머리털, 두발 | 色素 색소 | 作る 만들다 | 働き 작업, 작용, 효과, 기능 | 弱い 약하다 | 生える 나다, 자라다 | メラニン色素 멜라닌 색소 | 加える 더해지다, 가해지다 | 黒い 검다, 까맣다 | 茶色 갈색 | 根もと 뿌리, 밑 부분 | 細胞 세포 | 栄養不足 영양부족 | 睡眠不足 수면부족 | ダメージを受ける (손해, 피해 등의) 타격을 받다 | どんどん 잇달아, 자꾸 | 人間 인간 | 民族 민족 | 金色 금색 | 影響を与える 영향을 주다 | 昔話 옛날이야기 | ひどい 심하다 | ショック 쇼크, 충격 | 一晩 하룻밤 | 真っ白 새하얀

31 영향을 준다 라고 되어 있는데 무엇을 말하나?

　1 심한 쇼크를 주는 것
　2 멜라노사이트를 만드는것
　3 멜라닌 색소를 만드는 것
　4 멜라닌 색소를 만들 수 없게 되는 것

정답 4

해설 먼저 이 문제는 머리카락이 자라기 전에는 하얗지만 거기에 멜라닌 색소가 더해져 검게 되거나 갈색이 된다는 점을 먼저 이해해야 한다. 그리고 멜라닌 색소는 멜라노사이트라는 세포에서 만들어지며 머리카락의 뿌리에 있어 머리카락이 자랄 때 멜라닌 색소를 만들지 못하면 머리카락의 아래 부분이 하얀 상태이기 때문에 멜라닌 색소가 남아 색이 남아 있는 부분(검은 머리카락)에 까지는 영향이 미칠 수가 없다. 그러므로 정답은 4번이다.

32 ( )에 들어갈 가장 좋은 것은 어느 것인가?
  1 그런 것은 생각할 수 없습니다.
  2 그런 것은 옛날에는 있었을지도 모릅니다.
  3 그것은 병이었기 때문일지도 모릅니다.
  4 그것은 정말로 쇼크가 심했기 때문이라고 생각합니다.

정답 1

해설 멜라노사이트라는 세포에서 멜라닌 색소가 만들어지는데 이것이 나이를 먹으면 점점 색을 만들 수 없게 된다. 그러므로 머리카락의 뿌리에 있는 멜라노사이트는 아직 색소가 남아 있는 부분에 영향을 줄 수 없으며 하룻밤에 새하얗게 되는 것은 말이 안 되므로, 정답은 1번이 된다.

33 이 문장의 내용과 맞는 것은 어느 것인가?
  1 어떤 민족이라도 멜라노사이트가 적어지면 머리는 희게 된다.
  2 머리카락의 색은 달라도, 나이를 먹으면 머리가 희게 된다.
  3 영양 있는 것을 먹으면, 멜라닌 색소가 많아진다.
  4 머리카락은 자라기 전부터 검게 되어 있다.

정답 2

해설 인간의 머리는 민족에 따라 다양하지만, 어떤 민족이라도 나이를 먹으면 머리는 색을 만들 수 없게 되어 희게 되기 때문에 정답은 2번이 된다. 그리고 멜라노사이트는 세포이며 여기서 멜라닌 색소가 색을 만들지 못해 머리카락이 희게 되어도, 메라노사이트가 적어져 희게 된다는 것은 아니므로 1번은 오답이며, 3번은 서술된 내용이 없다. 마지막으로 머리카락은 자라기 전에는 하얗기 때문에 4번은 오답이다.

문제 6 다음 글을 읽고, 질문에 답하세요. 답은 1·2·3·4에서 가장 적당한 것을 하나 고르세요.

(1)

자전거는 이동수단으로서는 물론, 다이어트나 스포츠 등 다양한 목적으로 이용되고 있지만 자전거 안전에 주의하는 사람은 아직 적은 듯하다. 자전거를 타기 전에는 브레이크나 타이어를 체크하는 게 좋고, 오토바이를 탈 때와 마찬가지로 헬멧도 착용하는 것이 좋다. 자전거도 오토바이도 넘어져서 머리를 부딪치면 큰 부상을 입게 되므로, 헬멧은 자동차의 안전벨트와 같은 거라고 말할 수 있다. 최근에는 자전거를 탄 사람이 가해자가 되어버리는 사고도 늘고 있기 때문에, 자전거 보험이 생겼다. 만약, ①그런 사고를 일으키면, 경우에 따라서는 경제적 부담으로 괴로워지기 때문에 만일의 경우를 위해 보험에 들어 두는 것도 필요할 것이다. 또 하나, 자전거에 아이를 태우고 달리는 사람에게는 유아용 시트에도 ②주의하길 바란다. 아이의 신체에 맞는 크기를 고르는 것은 물론이지만, 어린이는 타고 있는 동안에도 장난을 치고, 여기 저기 몸을 움직이거나 잠들어 버리는 경우도 있기 때문에 여러 상황을 생각해 안전하고 좋은 것을 선택해 주었으면 좋겠다. 자전거는 편리한 교통수단이지만, 올바르게 이용하지 않으면 위험한 교통수단이 되고 만다. 그러나, 이용자 한 사람 한 사람이 자전거는 오토바이와 같다 자동차와 같다고 생각하면, ③어느 것도 전부 필요하다고, 바로 깨달을 수 있다고 생각한다.

(주) 경제적 부담으로 괴롭다 : 여기서는 돈에 궁하다

어휘 自転車 자전거 | 移動手段 이동수단 | ダイエット 다이어트 | スポーツ 스포츠 | 目的 목적 | 安全 안전 | 気を
つける 조심하다, 주의하다 | ブレーキ 브레이크 | タイヤ 타이어 | チェック 체크, 검사 | オートバイ 오토바이 | ヘルメット
헬멧 | 転ぶ 구르다, 넘어지다 | 頭を打つ 머리를 부딪치다 | 大けがをする 크게 다치다, 부상을 입다 | 最近 최근 |
シートベルト 시트벨트 | 加害者 가해자 | 事故 사고 | 増える 늘어나다, 불어나다 | 保険 보험 | もし 만약, 만일 | 事故を
起こす 사고를 일으키다 | 場合 경우 | 経済的 경제적 | 負担 부담 | 苦しむ 괴로워하다, 고생하다 | もしも 만약, 만일 |
載せる 태우다, 싣다, 게재하다 | チャイルドシート 유아용 안전의자 | 体に合う 몸에 맞다 | 選ぶ 고르다, 뽑다 | いたずらを
する 장난을 치다 | 眠る 자다, 잠들다 | 便利 편리 | 正しい 올바르다, 옳다 | 危険 위험 | どれも 뭐든지, 모두 | 全部 전부 |
すぐに 곧, 즉시

34 ① 그런 사고라고 했는데, 어떤 사고인가?
　　1 머리를 부딪쳐 크게 다치는 사고
　　2 자신이 가해자가 되고 마는 사고
　　3 자전거 보험에 가입되어 있지 않은 사고
　　4 경제적으로 힘들게 되는 사고

정답 2
해설 앞문장에서 지시하고 있는 그런 사고를 보면 자전거를 타는 사람이 가해자가 되는 사고가 늘고 있다고 했으므로 정답은
2번이다.

35 ② 주의해 주길 바란다고 했는데, 어째서인가?
　　1 유아용 시트에 아이를 태워서 달리니까
　　2 어린이는 보험에 들 수 없으니까
　　3 어린이는 몸이 금방 크니까
　　4 어린이는 가만히 있지 않고, 잠들어 버리는 경우도 있으니까

정답 4
해설 자전거에 아이를 태워 달리는 사람의 경우, 아이는 타고 있는 동안에도 장난을 치거나 몸을 움직이기도 하며 잠들어 버리
기도 해서 안전에 주의해야 하기 때문에 4번이 정답이다.

36 ③ 어느 것도 전부라고 했는데, 무엇을 가리키는가?
　　1 자전거와 오토바이와 헬멧
　　2 자전거와 오토바이와 자동차
　　3 브레이크와 타이어의 점검, 헬멧, 보험, 안전한 유아용 시트
　　4 브레이크와 타이어의 점검, 헬멧, 안전벨트, 보험, 안전한 유아용 시트

정답 3
해설 자전거도 오토바이나 자동차와 같다고 생각하면 본문에서 서술한 안전을 위해 필요한 모든 것이 해당되어 브레이크, 타이
어 점검, 헬멧, 가해자가 될 경우의 보험가입, 안전한 유아용 시트 모두를 가리키므로 정답은 3번이 된다. 4번은 안전벨트의 경우,
헬멧이 자동차의 안전벨트 같은 거라고 비유한 것이지 자전거를 탈 때 필요한 것이 아니므로 제외된다.

37 이 글을 쓴 이가 가장 말하고 싶은 것은 무엇인가?

1 자전거는 오토바이나 자동차와 같다고 생각해서, 안전에 주의해 주었으면 한다.
2 자전거는 위험한 교통수단이니까, 운전에 조심해 잘 탔으면 한다.
3 자전거를 탈 때는 오토바이나 자동차에 주의해서 안전하게 탔으면 한다.
4 자전거는 이동수단이니까, 다이어트나 스포츠를 위해서 이용하지 않았으면 한다.

정답 1

해설 자전거는 편리한 교통수단이지만, 올바르게 사용하지 않으면 위험한 것이 되기도 하기 때문에 자동차나 오토바이와 마찬가지로 일어날 수 있는 여러 가지 경우를 생각해 안전에 주의해 주었으면 하는 내용을 서술한 것이므로, 1번이 정답이 된다.

문제 7 **다음 페이지는 승마 교실의 안내이다. 이것을 읽고, 아래의 질문에 답하세요. 답은 1·2·3·4에서 가장 적당한 것을 하나 고르세요.**

38 회사원인 나카다 노조미 씨(26세, 여성)는 이 승마 교실에 참가하고 싶다고 생각한다. 신청서를 올바르게 쓰고 있는 것은 어느 것인가?

1
① 사쿠라시 와카바동 23-8-1 ② 나카타 노조미(여) ③ 26세(회사원) ④ 070-555-3082 ⑤ [1]의 토요일과 [2]의 일요일에 참가를 희망합니다.

2
① 사쿠라시 와카바동 23-8-1 ② 나카타 노조미(나카다 노조미) ③ 26세(여/회사원) ④ 070-555-3082 ⑤ [2]를 희망합니다.

3
① 사쿠라시 와카바동 23-8-1 ② 나카타 노조미(여) ③ 26세 ④ 회사원 ⑤ 070-555-3082 ⑥ [1]을 희망합니다.

4
① 사쿠라시 와카바동 23-8-1 ② 나카타 노조미(나카다 노조미) ③ 26세(여) ④ 070-555-3082 ⑤ [1]도 [2]도 상관없습니다.

정답 2

해설 정보검색 문제는 안내문에서 문제가 요구하는 필요한 정보만 찾아서 풀이를 한다. 먼저 승마 교실에 참가하려면 응모 자격과, 응모 방법에 제시되어 있는 내용을 먼저 확인해야 한다. 응모 방법으로 응모 엽서에 주소·성명·연령·성별·직업·전화 번호·희망 일시를 기재하여야 하며, 희망 일시는 [1] 또는 [2] 어느 쪽인가를 선택해 숫자로 쓰면 된다. 또한 응모 자격에서 이틀간 계속해 나올 수 있어야 하는 사항까지 모두 충족시키고 있는 선택지 2번이 정답이 된다.

39 이 승마 교실에 신청은 할 수 있지만, 사쿠라 시민 할인은 받을 수 없는 사람은 다음 중 어느 것인가?

1 사쿠라시에 사는 스즈키 씨(19세)는 고교를 졸업하고, 취직은 하지 않고 아르바이트를 하고 있다.
2 사쿠라시에 사는 회사원인 나카무라 씨(43세)는 승마를 10년 이상이나 전에 배웠기 때문에, 한번 더 처음부터 배우고 싶다고 생각하고 있다.
3 대학생인 야마구치 씨(22세)는 미도리시에 살고 있고, 사쿠라시에 있는 대학을 집에서 다니고 있다.
4 주부인 다카하시 씨(28세)는 미도리시에 살고 있다. 남편이 사쿠라시의 백화점에 근무하고 있어, 사쿠라시에는 자주 쇼핑하러 외출한다.

정답 4

해설 정보검색 문제를 풀 때는 [기호] [숫자] [제한]을 나타내는 부분을 주의해서 읽어야 한다. 승마 교실에 신청은 할 수 있지만 사쿠라 시민 할인을 받을 수 없는 사람이라는 사항을 먼저 확인하며, 할인은 참가 비용란의 [※] 사쿠라시에 거주 또는 근무, 통학하는 사람이어야 하므로 신청은 되나 신청자 본인이 사쿠라시에 근무하는 것은 아니므로 할인 대상이 되지 않아 4번이 정답이 된다. 1번 3번은 거주, 통학을 하고 있기 때문에 할인 대상이 되며, 2번은 승마 경험이 없어야 신청할 수 있는데 자격에서 경험이 있으므로 제외되어 신청을 할 수 없으므로 오답이다.

< 「초보자 승마교실」 참가자를 모집! >

사쿠라시 승마 센터에서는 승마의 즐거움을 느끼실 수 있도록 「초보자 승마 교실」의 참가자를 모집합니다.
여러분의 응모를 기다리고 있습니다.

실시 일시	[1] 4월 13일(토) 14일(일) 8 : 30－12 : 30 [2] 4월 20일(토) 21일(일) 8 : 30－12 : 30 ※어느 쪽도 같은 내용입니다. 양쪽에 참가할 수는 없습니다.
장소	사쿠라시 승마 센터
모집 인원	10명 정도 ※모집 인원을 초과한 경우에는 추첨하겠습니다.
응모 자격	• 연령 18세 ～ 45세 분(성별은 묻지 않습니다) • 이틀간 계속 나오실 수 있는 분 • 과거에 승마 경험이 없는 분
참가 비용	• 일반 : 3,000엔 　　　　　　　 승마 요금, 지도료, 헬멧 렌탈료, 스포츠 상해보험료 • 사쿠라 시민 : 2,000엔 　　　 가 포함되어 있습니다. ※사쿠라 시민 할인은 사쿠라시에 거주 또는 근무, 재학 중인 분에게 적용됩니다.
응모 방법	엽서에 이하의 내용을 기입한 후 응모해 주세요. • 주소, 이름(읽기), 연령, 성별, 직업, 전화번호, 희망 일시 ※희망 일시는 어느 쪽인가를 선택해 [1] 또는 [2]로 숫자로 써 주세요. ※당선 되신 분에게는 지참물이나 복장 등의 자세한 안내서를 송부해 드리겠습니다
응모 마감	3월 16일(목) 필착
응모처	〒111 － 0022 사쿠라시 사쿠라동 2–3–5 사쿠라 승마 센터 「초보자 승마 교실」 담당자
그 외	승마 교실의 견학도 가능합니다. 자세한 것은 TEL : 003 － 277 － 1020로 문의해 주세요.

어휘 初心者 초보자 | 乗馬 승마 | 教室 교실 | 参加者 참가자 | 募集 모집 | 楽しさ 즐거움, 재미 | 実感 실감 | 応募 응모 | 実施日時 실시 일시 | 両方 양쪽 | 場所 장소 | 人数 인원수 | 超える 넘다, 초월하다 | 抽選 추첨 | 資格 자격 | ～させていただく ～하겠습니다 | 年齢 연령 | 性別 성별 | 問う 묻다 | 続ける 계속하다 | 過去 과거 | 経験 경험 | 一般 일반 | 市民 시민 | 割引 할인 | 在住 재주, 거주 | 在勤 재근, 근무 | 在学 재학 | 適用 적용 | 葉書 엽서 | 以下 이하 | 内容 내용 | 記入 기입 | 住所 주소 | 氏名 성명 | 職業 직업 | 電話番号 전화번호 | 希望日時 희망 일시 | 数字 숫자 | 当選 당선 | 持参物 지참물 | 服装 복장 | 詳しい 자세하다, 상세하다 | 案内書 안내서 | 送付 송부 | ～いたす 「する(하다)」의 겸양어 | 締切 마감 | 必着 필착(반드시 도착함) | 応募先 응모처 | 係 담당(자) | 見学 견학 | 可能 가능 | 問い合わせる 문의하다

N3

실전모의테스트
1회

독해

問題4 つぎの(1)から(4)の文章を読んで、質問に答えなさい。答えは、1・2・3・4から最もよいものを一つえらびなさい。

（1）

　わたしの小学2年生の息子は電車が大好きだ。ゲーム機も持っているが、あまりそれでは遊ばない。出かけるときは車より電車に乗りたがり、駅に着くと自分のカメラで電車の写真などを撮りはじめる。そんなときは本当に楽しそうだ。駅の名前や場所もよく調べて知っていて、そのおかげで難しい漢字もかなり読める。周りの人たちがこんな小さい子どもなのにすごいと言って誉めてくれるので、親としても悪い気はしない。

24 小さい子どもなのにすごいのは、なぜか。

　　1　車より電車が好きだから

　　2　ゲーム機で遊ばないから

　　3　難しい漢字も読めるから

　　4　自分で電車の写真を撮ることができるから。

（2）これは、携帯電話のショートメールである。

山下さん、おはようございます。
昨日夜遅く川崎工場のサンプルが出来上がりました。今日10時までに届けに来てくれます。私は新幹線で静岡工場に向かっていますので、サンプルが届いたらチェックして、問題がなければすぐに注文を出しておいてください。静岡のバッグのほうは遅れそうなので心配ですが、16時には会社に戻れると思うので、川崎のバッグだけで発売を始めるかは戻ってから相談しましょう。では、よろしく。
森田

25 このメールが一番伝えたいことは何か。

1 静岡工場のバッグは、発売が難しくなったので心配だ。

2 静岡工場に行って、午後4時ごろ会社に戻る。

3 川崎工場のバッグのサンプルが、きのう出来上がった。

4 川崎工場のサンプルがよかったら、バッグの注文を出しておいてほしい。

（3）日本語学校のロビーに、この「お知らせ」が貼ってある。

クリスマスパーティーのお知らせ

　12月20日(土)503号室でクリスマスパーティーを行います。

時間は午前11時から午後2時までですが、途中から参加してもかまいません。

参加費は500円で、飲み物と軽食が出ます。

当日はイベントとして「プレゼント交換」を行いますので、1,000円くらいのプレゼントを一つ用意して持ってきてください。

プレゼントが面倒な人は、歌を歌ってもかまいません。

たくさんの学生が交流できる楽しいパーティーにしたいと思っていますので、みなさんぜひ参加してください。

なお、パーティーの準備を手伝ってくれるボランティア(3名)を募集しています。

希望者は1階受付の杉山まで。

---

26 パーティーの参加者がしなければならないことは何ですか。

1　参加費とプレゼントか歌を準備すること

2　パーティーの準備を手伝うことと歌を歌うこと

3　参加費とプレゼントを持ってくること

4　午前11時までに503号室に集まること

（4）

　最近、知らない人と手紙を交換する「文通」を楽しむ若者が増えているらしい。メールという便利なものがあるのに、なぜ手紙の交換が人気なのだろうか。メールだとすぐに返事をしなければならないと考えて疲れてしまうことがあるが、手紙は相手がどんな人なのだろうかと考えて、言葉を選びながら書けるので新鮮なのだと言う。また返事を待っている時間も、メールにはない楽しみな時間なのだそうだ。メールに慣れている若者には、手紙は新しい連絡方法なのかもしれない。

27 「文通」を楽しむ若者が増えている理由は何か。

1　便利で新しい連絡方法だから

2　難しい言葉は使わなくていいので疲れないから

3　相手のことを考えたり返事を待つ時間が楽しいから

4　返事を待つ時間が短くて新鮮だから

問題5 つぎの(1)と(2)の文章を読んで、質問に答えなさい。答えは、1・2・3・4から最もよいものを一つえらびなさい。

（1）

　夕食を食べているとき、父が「犬を飼おうか」と言った。わたしと妹は顔を見合わせて①にっこり笑った。それを見て母が「ちょっと待って。犬を飼うなら、ちゃんと世話をしてよね」と言った。「できるかな」と聞く父に私たちは「うん」と答えた。

　1週間後、父が子犬を連れて帰ってきた。白い毛の子犬だったが、父は大きくて黒い目を見ながら「犬の名前は『クロ』にしよう」と言った。

　クロが来て、②わたしたちの生活は変わった。クロに1日2回散歩をさせ、えさをやるために、家族4人で仕事を分け、係を決めた。妹とわたしは朝早く起きるようになり、父もクロの散歩のために早く帰ってくるようになった。雨の日の散歩や朝早くえさをやるなど大変なこともあったが、クロが来て、家族の会話も増えた。係になった者が世話ができないときは、だれかが代わってするようにした。わたしたち家族の生活はクロが中心になった。そして、自分のことだけでなく、家族みんながお互いのことを考えるようになった。

28 ①<u>にっこり笑った</u>とあるが、どうしてか。

　　1　父が母に怒られたから

　　2　父が面白いことを言ったから

　　3　犬を飼いたいと前から思っていたから

　　4　犬の世話ぐらいは出来ると思ったから

29 クロはどんな犬か。

　　1　毛も目も黒くて、体が小さい。

　　2　毛も目も黒くて、体が大きい。

　　3　毛は白くて、目が小さい。

　　4　毛は白くて、目が大きい。

30 ②<u>わたしたちの生活は変わった</u>とあるが、どのように変わったか。

　　1　家族みんなが早く起きるようになった。

　　2　家族みんながクロのことだけ考えるようになった。

　　3　家族みんなが自分のことだけ考えるようになった。

　　4　家族みんながお互いのことを考えるようになった。

（2）

　16年間、私は夫にうそをつき続けている。嫌いないちごケーキを大好きだと言い続けているからだ。

　初めてのデートでドライブに出かけるときだった。夫の車に乗ると、とてもいい匂いがした。「わぁ、いい匂い」と言うと、夫は後ろの席にあったケーキの箱を指で指した。中を見るといちごのケーキが箱いっぱいに入っていた。「どういうのが好きかわからなかったから」と、心配そうに言った夫の横顔は、まるで、少年のように可愛らしかった。そんな姿をみて、私は「①ありがとう！いちごのケーキって、大好きなの！」と言ってしまったのだ。

　今思えば、正直に言えばよかったのかもしれない。夫は、今でも何かあるといつもいちごケーキを買ってくる。いちごケーキは夫の愛の印(注)なのだ。その後も本当のことを言おうとしたことは何度もあったが、今も言えないままでいる。

　ところが最近あることに気がついた。うそを本当にしてしまえばいいのでは？本当にいちごケーキを好きになればいいのでは？　②そうだ、そうしようと心に決めて、私は毎日お昼ごはんの代わりにいちごケーキを食べはじめている。お腹が空けば、何でもおいしくなるから不思議だ。私のうそが本当になる日が近づいている。

(注) 愛の印：愛情を表現するもの

この文章を書いた人は、どうして「①ありがとう！ いちごケーキって、大好きなの！」と言ってしまったのか。

1　車の中からいい匂いがしたから

2　夫をがっかりさせたくなかったから

3　夫がケーキをたくさん買ってくれたから

4　夫がデートに誘ってくれたから

②そうだ、そうしようとあるが、どうすることにしたのか。

1　いちごケーキを毎日食べることにした。

2　いちごケーキを好きになることにした。

3　夫に本当のことを言うことにした。

4　夫に本当のことは言わないことにした。

この文章を書いた人は、夫に対してどう思っているか。

1　いつも自分のことを思ってくれる、やさしい人だと思っている。

2　うそをついても我慢してくれる、ありがたい人だと思っている。

3　いつも甘いものを買ってくれる、少年のような人だと思っている。

4　本当のことを言おうとしても言えない、こわい人だと思っている。

問題6 つぎの文章を読んで、質問に答えなさい。答えは、1・2・3・4から最もよい
ものを一つえらびなさい。

　日本の駅のホームにあるベンチは、電車のドアと向かい合ってるのが普通なのだが、
新大阪駅のホームでは、電車が走る方向に向かってベンチが置かれている。つまり、
ベンチの角度がホームに対して平行ではなく、90度の直角になっている。①これは酒
に酔った客を事故から守るためだ。②最近の調査によると、ホームから落ちる事故は
年々増えている。そのうち酒に酔った客による事故は今年は132件もあったそうだ。
さらに、酔った客の行動を調べたら、落ちた人のうち60%の人がベンチから立ち上が
ってまっすぐ歩き、そのままホームから落ちていたことがわかった。
　新大阪駅ではどうしたら事故を減らせるか考えた。客が落ちないようにホームと電車
の間のドアを作ることも考えたが、何億円もの費用がかかってしまう。いろいろなアイ
デアも出たが、ベンチの方向を変えることにした。これなら、ベンチから立ち上が
った客がまっすぐ歩いても、ホームから落ちることはないし、お金もかからない。最
近は新大阪駅だけでなく、③ベンチの向きを変える駅が増えてきているそうだ。
　このように、ものの見方を少し変えれば、いいアイデアが生まれることは少なくない。
生活で利用するいろいろなものに興味や疑問を持てば、毎日の生活はもっと良くなる
のではないだろうか。

34 ①これとあるが、何を指しているか。

1　ベンチをたくさん置いたこと

2　ベンチをホームに対して直角になるように置いたこと

3　ベンチをホームに対して平行になるように置いたこと

4　ベンチを電車のドアと向かい合うように置いたこと

35 ②最近の調査とあるが、この調査でどんなことがわかったか。

1　ホームから人が落ちる事故は全部酒に酔ったために起きている。

2　ホームから人が落ちる事故は毎年１００件以上が起きている。

3　ホームから人が落ちる事故は半分以上がベンチで寝ていたために
　起きている。

4　ホームから人が落ちる事故は半分以上がベンチから立ち上がって
　まっすぐ 歩いたために起きている。

36 ③ベンチの向きを変える駅が増えてきているとあるが、どうしてか。

1　駅を利用する客が増えるから

2　駅が少しでも安全になるから

3　駅の事故がなくなるから

4　ホームと電車の間にベンチを置く費用が安くなるから

37 この文章を書いた人が一番に言いたいことは何か。

1 ホームでの事故を減らすためには、酔っている客を減らさなければ
   ならない。

2 ホームでの事故を減らすためには、ベンチの向きを変えたほうがいい。

3 ものの見方を変えれば、いいアイデアが生まれて、毎日の生活が
   良くなることがある。

4 毎日の生活を良くすれば、いいアイデアが生まれて問題が解決する
   ことがある。

問題7 右のページは、スポーツクラブの案内である。これを読んで、下の質問に答えなさい。答えは、1・2・3・4から最もよいものを一つえらびなさい。

[38] 今年18才になった大学1年生のキムさんは、平日も土日も毎日利用して、マシーンを使った運動と水泳をしたいと考えている。また、タオルやウエアなど必要な物は自分で準備するが、ロッカーは借りるつもりだ。キムさんは、入会時にいくら払うことになるか。

1　10,580円

2　10,080円

3　9,500円

4　8,500円

[39] 30歳で会社員のエリーさんはこのクラブに入会したいと思っている。来週からでも運動を始めたいが、来週は月末で忙しいので、来月から通おうと思っている。申し込みはインターネットを使うつもりだが、その場合エリーさんがしなければならないことは何か。

1　来月10日までに申し込んで、今月中に身分証明書と会員番号を受付に持って行く。

2　来月10日までに申し込んで、運動を始める日に身分証明書と会員番号を受付に見せる。

3　来月10日までに申し込んだ後、身分証明書とクレジットカードを受付に出す。

4　来月の10日を過ぎてから申し込んで、会員番号をもらっておく。

花山市営体育館・スポーツクラブ「いきいき」ご利用案内

ご自分の生活時間に合わせて利用できます。あなたも運動を始めませんか。

【ご利用時間】

月曜日	火～土曜日	日・祝日
休館	7：00 ～ 23：00	7：00 ～ 21：00

※受付は終了時間1時間前までです。

【ご利用料金】

	月会費	利用時間	
Aタイプ	8,500円	火～日、全時間	18歳未満の方と65歳以上の方には全タイプの月会費から500円を割引きます。
Bタイプ	7,500円	火～金、全時間	
Cタイプ	4,500円	火～金、7：00 ～ 10：00	
Dタイプ	5,500円	火～金、18：00 ～ 23：00	
Eタイプ	6,000円	土・日、全時間	

※初回の月は、上記の月会費以外に、入会登録料として、1,080円が必要となります。

※利用料金にはマシーンルーム、スタジオレッスン、プール、サウナ、シャワールームのご利用が含まれます。

※レンタルロッカーは月1,000円でご利用になれます。

※タオル、シューズ、ウエア、水着、水泳用キャップは各200円で貸し出します。

【申し込み方法】

① 開館日、開館時間に身分証明書と現金またはクレジットカードをご持参ください。

② 下記のサイトから申し込むこともできます。その場合、初回ご利用時に身分証明書と会員番号を受付にお出しください。

www.hanayamashisportsclubikiiki.com

※毎月10日までにお申し込みの場合は、申し込んだ月からご利用になれます。

10日を過ぎますと、翌月からのご利用となります。

N3

실전모의테스트
2회

독해

問題4 つぎの（1）から（4）の文章を読んで、質問に答えなさい。答えは、1・2・3・4
最もよいものを一つえらびなさい。

（1）

　今は、スマートフォンやパソコンで何でも簡単に調べられる時代だが、新聞や本などを
読むことが大事であることは言うまでもない。紙に書かれた字を読むことで、目だけでな
く手を通しても脳に働きかけることができ、<u>頭の働きが良くなるの</u>だ。もちろん、ペンを
使って字を書くことも大事だ。スケジュール帳を持ち歩くことは、決して格好悪いことで
はない。日本は、紙の新聞を読む人の割合が世界で2番目に多いそうだ。会社で使用する
書類も、他の先進国に比べてたいへん多い。リサイクルなどが大変ではあるが、それ以上
に、役立つところは大きいだろう。

24 <u>頭の働きが良くなる</u>ためには、どうしたらいいと書いてあるか。

　　1　スマートフォンやパソコンを使って調べる。

　　2　ペンをつかって本や新聞にメモをする。

　　3　字を書いたり紙に書かれた字を読んだりする。

　　4　スケジュール帳とスマートフォンを利用する。

（2）これは、鈴木さんから田中さんに届いたメールである。

あて先: s.tanaka@nnn.co.jp

件名: 午後の仕事について

送信日時: 20XX年12月10日　11：12

田中さん

お疲れ様です。

午後には会社に戻ると言ったのですが、こちらの仕事が終わらず、戻れそうにありません。

申し訳ないのですが、午後は、以下の仕事をお願いします。

１．パンフレットの印刷（100部）…両面印刷です。やり方は、加藤さんに聞いてください。できたら、段ボール箱に入れておいてください。

２．データの入力…私の机の上に、メモがあります。ファイルに、メモの内容を入力しておいてください。入力後は、メモは捨てずにそのまま机の上に置いておいてください。

終わっても時間があれば、加藤さんの仕事を手伝ってください。

では。

鈴木

25　田中さんが午後にしなければならない仕事は何か。

　　1　やり方を教えてもらってから、パンフレットを印刷すること

　　2　パンフレットを100部片面印刷し、段ボール箱に入れること

　　3　加藤さんと一緒に、メモの内容をデータに入力すること

　　4　鈴木さんの机の上のメモを、きれいに片付けておくこと

（3）

週末クラシックコンサート

あおみどり CD＆ブックスでは、毎月第3日曜日室内クラシックコンサート
を行います。
ピアノ、バイオリン、チェロの美しいメロディーでリラックスしたひととき
をどうぞ…

場所： 1階　CD売り場の横のカフェ

日時： 毎月第3日曜日　午後2時〜3時

料金： 無料

演奏者： 水野葵、和田薫子、城嶋明子
　　　　みずのあおい　わだかおるこ　じょうじまあきこ

※ 演奏中カフェ店内での飲食はご遠慮くださいますよう、お願い申し上げます。

※ 演奏曲目の入った CD「クラシックフリーク」をお買い上げいただいた方には、
　　3人のサインをプレゼントいたします。

---

26 この広告の内容について、正しいものはどれか。

1　第三日曜日にあおみどり CD＆ブックスへ行けば、クラシックの CD がもらえる。

2　毎月第三日曜日はクラシックコンサートがあるので、CD の販売は行わない。

3　演奏の邪魔にならなければ演奏中もカフェで飲食ができる。

4　「クラシックフリーク」には、ピアノ、バイオリン、チェロの演奏が入っている。

（4）

　　いつの時代からか、女性の着物は直線が美しいとされるようになった。それによって、着物を着ることが大変な苦労となった。布を胸に当て、腰に当て、本来美しさを表すはずの体の丸みをすべて隠すようになったのである。最後には、まっすぐ伸びた帯で体を締め付ける。知らない人は、こんなに苦しくて直線的な服を何のために着るのかと思うだろう。

　　ところが人間の心理とは不思議なもので、すべて隠れているかと思うと、少しだけ見える手や首の周りが、この上なく美しく見える。日本人の感じる美しさは、この隠されたことによる美しさなのだ。

(注) この上なく: とても、大変

27　この文章を書いた人が一番言いたいことは何か。

　　1　女性の着物は、あるときから着るのに大変苦労するものになってしまった。

　　2　女性の着物は、いつの時代からか美しい直線的な服になった。

　　3　日本人は体の一部が少しだけ見える着物に美しさを感じる。

　　4　日本人は体の丸みが見える着物に不思議さを感じる。

問題5 つぎの（1）と（2）の文章を読んで、質問に答えなさい。答えは1・2・3・4
最もよいものを一つえらびなさい。

（1）

　私は、旅が好きだ。きちんと計画をたてて海外に行くこともあれば、適当に電車に乗って、気に入った名前の駅で降りてみることもある。そこでは、その街の香りや景色を楽しみ、聞こえてくる音に耳を澄ましながら、ふらふらと歩いてみる。
　　　　　　　　　　　　　　　　　　　（注1）

　そんな風にたどり着いた街で、私が必ずしていることがある。それは、そこで気になった料理を写真に残し、味見をしてみることである。たとえ、それが普段から食べている焼きそばだったとしても、初めて行った街で口にしたそれは、（　　　　　　）。

　私は、このように旅先では五感を使ってその場所を感じ、楽しむようにしている。

　そんなことを繰り返しているうちに、何かをしているとき、突然その街のことを思い出すようになった。それは決まって、何かを食べたり、においを嗅いだり、街に流れる曲を聞いたりしたときだ。大きな具のゴロゴロと入ったカレーライスを食べたとき、雨の降りだしそうな風の臭いを嗅いだとき、ふと、昔訪ねたその街のことを思い出し、何とも言えない懐かしい気持ちになる。
　　　　　　　（注3）

（注1）耳を澄ます：音がよく聞こえるように気を付ける

（注2）嗅ぐ：鼻でにおいを感じ取る

（注3）懐かしい気持ち：昔に戻ったような楽しい気持ち

28 （　　　　）に当てはまるもので、正しいものはどれか。

1　決していつもの味ではない。

2　おいしくないこともない。

3　絶対に残してはいけない。

4　味つけなど全く関係ない。

29 そんなこととあるが、どんなことか。

1　計画のあるなしに関係なく、様々なところを旅行すること

2　電車に乗って遠くまで行き、知らない駅で降りてみること

3　外で食事をしたときに、料理の写真を撮ってから食べること

4　旅先の景色や香り、料理の味などを感じるようにすること

30 この文章を書いた人は、どんな時に懐かしい気持ちになると言っているか。

1　初めて行く店で、普段食べている味のカレーライスを食べたとき

2　空が暗くなり、今にも雨が降り出しそうな天気になったとき

3　昔聞いたことのある音楽が街の中に流れるのを聞いたとき

4　体で感じて覚えたことを、忘れないように思い出しているとき

（2）

　高速道路を運転するときに、後ろの座席でもシートベルトを着けるように法律で決められてから５年になる。万が一、シートベルトをせずに警察につかまった場合、免許証の点数が減るだけで、罰金_{（注1）}はない。そのせいか、一般の道路において後ろの座席でシートベルトを着ける人は、①<u>いまだに全体の３３パーセントしかいない</u>という。

　しかし、罰金_{（ばっきん）}がないからといってシートベルトを着けなくてもいい理由にはならない。シートベルトを着けずに事故を起こした場合、後ろの座席の死亡率はなんと4.8倍にも上るのだ。

　それに対して、シートベルトをしていれば、骨を折るようなことになっても死亡することはほとんどなくなる。このことだけでも、一般道路で②<u>シートベルトをするのに十分な理由</u>になるだろう。

　もちろん、様々な事情でシートベルトができない人たちもいる。しかし、面倒くさい、または、ただ自由に動けないのが嫌だという理由でシートベルトをしないということであれば、考え直したほうがいいだろう。その代わりに得られるものは、計り知れないほど大きいのだから。

（注1）罰金：ルールを守らなかったために支払うお金
（注2）計り知れない：想像できない

31 この文章を書いた人は、①いまだに全体の33パーセントしかいないのはどうしてだと考えているか。

1　もし警察につかまったとしても、お金を払わなくていいから

2　シートベルトを着けていなくても、警察にはつかまらないから

3　シートベルトを着けなくても、事故を起こさない自信があるから

4　シートベルトを着けなくてはいけないのは、高速道路だけだから

32 ②シートベルトをするのに十分な理由とあるが、どんな理由か。

1　どんなに運転が上手でも、事故は起きてしまうから

2　事故が起きたとき、死ぬ可能性が少なくなるから

3　事故が起きても、怪我をしないで済むから

4　事故を避けるためには、シートベルトが必要だから

33 この文章を書いた人は、シートベルトについてどのように思っているか。

1　高速道路を運転するときだけは、すべての座席でシートベルトを着けるべきだ。

2　罰金や法律に関係なく、シートベルトを着ける意味を理解する必要がある。

3　事情のあるなしに関係なく、運転中は常にシートベルトを着けなくてはならない。

4　シートベルトをしていれば絶対に安全だ、という考えは捨てなければならない。

問題6 つぎの文章を読んで、質問に答えなさい。答えは1・2・3・4から最もよいもの
を一つえらびなさい。

　寒い冬を乗り切るためには、暖房器具が必要不可欠だ。私たちの生活に合った暖房器
具とは、一体どんなものだろうか。まず、代表的なものにエアコンがある。エアコン
は短時間で部屋を暖めてくれるため、快適で電気代がかからないのが利点だ。

　しかし、そのエアコンも①万能ではない。エアコン の風は空気中の湿度を下げてし
(注1)
まうため、様々なウイルスが発生する原因となる。湿度が40パーセントに満たない空
気は、ウイルスにとって住みやすい環境なのだ。そのため、エアコンと加湿器を一緒
(注2)
に利用する人も少なくない。

　次に、ガスや電気のヒーターがある。ガス代は電気代に比べ比較的安いが、ガスヒー
ターを使うと、今度は空気中の湿度が上がりすぎてしまう恐れがある。湿度が60パー
セントを超えると、カビが発生する原因にもなるという。その点、電気ヒーターには
湿度の心配がないが、寒いからと言ってずっと点けていると、次の月電気料金の請求
(注3)
書を見て、②びっくりすることになる。

　最後に、昔から使われ続けているこたつがある。こたつは足だけを暖かくするものな
ので、まさに「頭寒足熱」の良い暖房器具だと言える。とはいえ、弱点もある。という
(注4)
のは、一度入ったら動くことができない、ということだ。暖かいのはその中だけなので、
活動的な人には向いていないかもしれない。

　以上のように、暖房器具にはそれぞれメリット、デメリットがある。エアコンを利用
する人は60パーセント以上にもなると言うが、それが自分にも合っているとは限らな
い。自分の住んでいる地域の気温や、家族編成、ライフスタイルなどに合わせて、最適
(注5)
の暖房器具を選びたいものだ。

(注1) 万能：全てにおいて良いこと
(注2) 加湿器：空気中の湿度を上げる機器
(注3) 請求：お金を要求すること
(注4) 頭寒足熱：頭は涼しく足は暖かくすること
(注5) 家族編成：家族に誰がいるかということ

34 ①万能ではないのはどうしてか。

  1　加湿器と一緒に使用しないと、暖房効果が低くなってしまうから。

  2　エアコンには、ウイルスを減らすための機能がついていないから。

  3　エアコンからの風は、ウイルスが生じやすい環境を作るから

  4　エアコンだけでは、ちょうどいい温度に保つのが難しいから

35 この文章で書かれている「湿度」に関して、合っているものはどれか。

  1　空気中の湿度が40パーセントより高くなると、カビが生えてしまう可能性がある。

  2　空気中の湿度が60パーセントを超えると、ウイルスが発生してしまいやすくなる。

  3　空気中の湿度が40パーセント以下か60パーセント以上の環境を保つことが大切だ。

  4　空気中の湿度が40パーセントから60パーセントの間になるよう調整する必要がある。

36 ②びっくりすることになるのはどうしてか。

  1　予想していたよりも寒いから

  2　予想していたよりも暑いから

  3　予想していたよりも高いから

  4　予想していたよりも安いから

37 この文章を書いた人は、暖房器具はどのように選ぶのが良いと言っているか。

  1　健康を一番に考えて、カビやウイルスを発生させないもの

  2　周りの環境や生活パターンなどを考えて、生活に合ったもの

  3　長所も短所もよく考えた上で、値段も高すぎず安すぎないもの

  4　暖房効果、安い暖房料金、確かな安全性などの条件がいいもの

問題7 右のページは、結婚式の二次会の会場に関するメモである。これを読んで、下の質問に答えなさい。答えは、1・2・3・4から最もよいものを一つえらびなさい。

[38] 木村さんは、友達の結婚式の二次会（にじかい）会場を探している。人数は30人で、ソフトドリンク飲料を含めて料金は一人5,000円以下にしたい。木村さんの希望に合う会場はいくつか。

1　1つ

2　2つ

3　3つ

4　4つ

[39] 木村さんの友達から、条件を変えてもう一度会場を探してほしいと言われた。その条件は以下のものである。友達の条件に合った会場はどれか。

・人数は40人に変更してください。

・ワインが好きな人が多いので、ワインがお店にあるか、持ち込めるお店にしてください。

・疲れると思うので、座って食べられるお店がいいです。

・料金は同じく一人5,000円以下で、それ以上の料金がかからないようにお願いします。

1　①

2　②

3　③

4　④

① イタリアンレストラン

利用料金	5,000円
利用人数	30人以上50人以下
料　　理	イタリアコース料理(ピザ・スパゲッティ・デザートなど)
	ビールおよびソフトドリンク飲み放題無料
形式着席	着席ビュッフェ
その他	ケーキ、ワインなどの持ち込み可
	(持ち込み料金: 一つにつき1,000円)

② エグゼール

利用料金	4,500円
利用人数	30人以上60人以下
料　　理	和食&洋食(15種類以上)食べ放題、ソフトドリンク飲み放題無料
	アルコール飲み放題は1,500円追加(ビール、日本酒、ワイン)
形　　式	着席ビュッフェ
その他	ケーキ、ワインなどの持ち込み不可

③ 棒棒店

利用料金	3,500円
利用人数	35人以上50人以下
料　　理	中華料理(15種類以上)食べ放題
	追加料金1,500円で、ソフトドリンクとアルコール飲み放題
	(ビール、サワー)
形　　式	立食ビュッフェ
その他	ケーキ、ワインなどの持ち込み可(持ち込み料金なし)

④ 大韓食堂

利用料金	5,000円
利用人数	30人以上50人以下
料　　理	韓国料理コース、ソフトドリンクとアルコール飲み放題無料
	(ビール、日本酒、マッコリ)
形式着席	着席ビュッフェ
その他	ケーキ、ワインなどの持ち込み可(持ち込み料金なし)

실전모의테스트 1회

독해

문제 4 다음 (1)에서 (4)의 문장을 읽고, 다음 질문에 답하세요. 답은 1·2·3·4에서 가장 적절한 것을 고르세요.

(1)

　나의 초등학교 2학년 아들은 전철을 매우 좋아한다. 게임기도 가지고 있지만, 별로 가지고 놀지 않는다. 외출할 때에는 차보다 전철을 타고 싶어하고, 역에 도착하면 자신의 카메라로 전철 사진 등을 찍기 시작한다. 그럴 때는 정말 즐거워 보인다. 역 이름이나 장소도 자세히 조사해서 알고 있고, 그 덕분에 어려운 한자도 꽤 읽을 수 있다. 주변 사람들이 이렇게 어린 아이인데도 굉장하다고 칭찬해 주기 때문에, 부모로서도 나쁜 기분은 들지 않는다.

> **어휘**　小学校 초등학교 I 調べる 조사하다, 찾다 I 周り 주변, 주위 I 誉める 칭찬하다 I 親 부모

24 어린 아이인데도 굉장하다는 것은 왜인가?

1　차보다 전철을 좋아하기 때문에.

2　게임기로 놀지 않기 때문에.

3　어려운 한자도 읽을 수 있기 때문에.

4　스스로 전철 사진을 찍을 수 있기 때문에.

> **정답**　3

> **해설**　밑줄이 있는 문제는 대개 앞뒤의 내용을 보고 문제에 접근하면 된다. 이 문제는 앞의 내용에 '역 이름이나 장소도 자세히 조사해서 알고 있으며, 덕분에 어려운 한자도 꽤 읽을 수 있다'라는 표현이 있기 때문에 정답은 3번이다.

(2)

　이것은 휴대폰 문자 메시지이다.

　야마시타 씨, 안녕하세요. 어제 저녁 늦게 가와사키 공장의 샘플이 완성되었습니다. 오늘 10시까지 전달하러 와 줄 것입니다. 저는 신칸센으로 시즈오카 공장으로 가고 있으니까, 샘플이 도착하면 체크해서 문제가 없으면 바로 주문을 해 놓아 주세요. 시즈오카 가방은 늦을 것 같아서 걱정이지만, 오후 4시에는 회사로 돌아갈 수 있기 때문에 가와사키 가방 만으로 발매를 시작할지는 돌아가서 의논합시다. 그럼, 부탁합니다.

모리타

> **어휘**　出来上がる 완성되다 I 工場 공장 I 向かう 향하다 I 届く 도착하다 I 注文 주문 I 遅れる 늦다 I 心配 걱정 I 戻る 되돌아가다 I 発売 발매 I 相談 상담, 의논

25 이 메시지가 가장 전하고 싶은 것은 무엇인가?

1　시즈오카 공장의 가방은 발매가 어렵게 되었기 때문에 걱정이다.

2　시즈오카 공장에 가서, 오후 4시 무렵 회사에 돌아온다.

3　가와사키 공장의 샘플이, 어제 완성되었다.

4　가와사키 공장의 샘플이 괜찮다면, 가방 주문을 해 놓기를 바란다.

> **정답**　4

해설 메일이나 메시지, 편지문에서는 사과, 주문, 요청, 방문 등의 목적을 파악하는 것이 중요하다. 이 문제에서는 '샘플이 도착하면 체크해서, 문제가 없으면 바로 주문을 해 놓아 주세요'라는 요청이 목적이 된다. 자칫하면 선택지 1번인 시즈오카 가방이 늦어지는 것에 대한 걱정이라고 할 수 있지만, 이것은 회사에 돌아가서 이야기하자고 했으므로 정답은 4번이다.

---

(3)

일본어 학교의 로비에, 다음 '안내문'이 붙어있다.

크리스마스 파티 안내

12월 20일(토) 503호실에서 크리스마스 파티를 합니다.
시간은 오전 11시부터 2시까지이지만, 도중에 참가해도 상관없습니다.
참가비는 500엔이고, 음료와 간단한 식사(스낵)가 나옵니다.
당일에는 이벤트로서 '선물교환'을 시행하기 때문에, 1,000엔 정도의 선물을 하나 준비해서 가져 오세요.
선물이 번거로운 사람은 노래를 불러도 상관없습니다.
많은 학생이 교류할 수 있는 즐거운 파티로 만들고 싶기 때문에, 모두 꼭 참가해 주세요.
또한, 파티의 준비를 도와 줄 자원봉사자(3명)을 모집하고 있습니다.
희망자는 1층 접수처 스가야마에게.

어휘 行う (일을) 하다, 행하다 | 午前 오전 | 途中 도중 | 参加 참가 | 参加費 참가비 | 軽食 가벼운 식사 | 当日 당일 |
交換 교환 | 用意 준비 | 面倒 번거로움, 귀찮음 | 準備 준비 | 募集 모집

26 파티 참가자가 해야 하는 것은 무엇입니까?

1 참가비와 선물 또는 노래를 준비하는 것
2 파티 준비를 돕는 것과 노래를 부르는 것
3 참가비와 선물을 가져 오는 것
4 오전 11시까지 503호실로 모이는 것

정답 1

해설 문제에서 참가자가 하지 않으면 안되는 것이므로, 본문에서 「~てください」의 표현을 주목해서 봐야한다. '1,000엔 정도의 선물을 하나 준비해서 가져 와주세요'와 또 하나의 조건인 '선물이 번거로운 사람은 노래를 불러도 상관없습니다'라는 내용이 있으므로, 정답은 1번이다.

---

(4)

최근 모르는 사람과 편지를 교환하는 '편지 교환(펜팔)'을 즐기는 젊은 사람이 늘고 있는 것 같다. 메일이라는 편리한 것이 있는데 왜 편지 교환이 인기인걸까? 메일이라면 바로 답장을 해야 한다고 생각해 피로해져 버리는 경우도 있지만, 편지는 상대가 어떤 사람일까 생각하며 단어를 고르면서 쓸 수 있기 때문에 신선한 거라고 한다. 또 답장을 기다리는 시간도, 메일에는 없는 즐거운 시간이라고 한다. 메일에 익숙해져 있는 젊은 사람에게는 편지는 새로운 연락 방법일지도 모르겠다.

어휘 最近 최근 | 交換 교환 | 文通 편지 교환 | 若者 젊은이 | 増える 늘다 | 返事 답장 | 相手 상대 | 言葉 단어, 말 |
選ぶ 고르다 | 新鮮 신선함 | 慣れる 익숙해지다 | 連絡方法 연락 방법

27 '편지 교환'을 즐기는 젊은이가 늘고 있는 이유는 무엇인가?

1 편리하고 새로운 연락 방법이기 때문에

2 어려운 단어는 사용하지 않아도 돼서, 피로해 지지 않기 때문에

3 상대를 생각하거나 답장을 기다리는 시간이 즐겁기 때문에

4 답장을 기다리는 시간이 짧아서 신선하기 때문에

정답 3

해설 이 문제는 내용을 주의 깊게 보지 않으면 답을 2번이라고 생각할 수 있다. 어려운 단어라던가 피곤하다는 내용이 지문에 보이기 때문에 2번이라고 착각할 수 있기 때문이다. 그러나 피곤한 이유는 어려운 단어를 사용해서 아니라, 바로 답장을 해야 하는 것이 피곤한 것이라고 말하고 있기 때문에 2번은 답이 될 수 없다. 본문의 내용에서 상대가 어떤 사람인지, 답장을 기다리는 시간도 메일에는 없는 즐거움이라는 표현이 있으므로, 정답은 3번이다.

문제 5 다음(1)과 (2)의 글을 읽고 , 질문에 답하세요. 대답은 1·2·3·4에서 가장 적당한 것을 하나 고르세요.

(1)

저녁을 먹고 있는데, 아빠가 '개 키울까'라고 말했다. 나와 여동생은 얼굴을 마주보고 ①방긋 웃었다. 그것을 보고 엄마가 '잠깐 기다려 봐. 개를 키울 거라면, 잘 돌봐야 해'라고 말했다. '할 수 있겠어?' 고 묻는 아빠에게 우리들은 '응'이라고 대답했다.

일주일 후, 아빠가 강아지를 데리고 왔다. 흰 털의 강아지였지만, 아빠는 크고 검은 눈을 보면서 '강아지 이름은 '구로(깜이)라고 하자'고 말했다.

구로가 와서 ②우리들의 생활은 바뀌었다. 구로는 하루에 두 번 산책을 시키고, 사료를 주기 위해서 가족 네 명이 일을 나눠서 담당을 정했다. 여동생과 나는 아침 일찍 일어나게 되고, 아빠도 구로의 산책을 위해서 빨리 귀가하게 되었다. 비 오는 날의 산책이나 아침 일찍 사료를 주는 등의 힘든 일도 있었지만, 구로가 와서 가족의 대화도 늘었다. 담당이 된 사람이 돌볼 수 없을 때는 누군가가 대신해서 하도록 했다. 우리 가족 생활은 구로가 중심이 되었다. 그리고, 자신 만이 아니라 가족 모두가 서로를 생각하게 되었다.

어휘 夕食ゆうしょく 저녁 | 飼う か 키우다 | 顔かお 얼굴 | 見合わせるみあ 마주보다 | にっこり 생긋, 방긋 | 笑うわら 웃다 | 世話をするせわ 돌보다 | 答えるこた 대답하다 | 子犬こいぬ 강아지 | 仕事を分けるしごと わ 일을 나누다 | 係かかり 담당 | 代わるか 대신하다 | 中心ちゅうしん 중심 | お互いたが 서로, 상호간

28 ①방긋 웃었다고 하는데, 왜인가?

1 아빠가 엄마에게 혼났기 때문에

2 아빠가 재미있는 이야기를 했기 때문에

3 개을 키우고 싶다고 전부터 생각하고 있었기 때문에

4 개 돌보기 정도는 할 수 있다고 생각했기 때문에

정답 3

해설 이 문제는 전반부의 내용을 읽고 유추해서 풀어야 하는 문제이다. 아버지가 '개를 키울까?'라고 했을 때 나와 여동생은 마주보고 웃었으므로, 본인들이 원하던 질문을 아빠가 해 주어서 웃었다는 것을 알 수 있다. 2번은 상관없는 내용이며, 4번은 강아지 키우는 조건으로 잘 돌봐야 한다고 했을 때 '할 수 있다'고 대답한 것이므로 정답이 될 수 없다.

29 구로는 어떤 개인가?

1 털도 눈도 검고, 몸이 작다.

2 털도 눈도 검고, 몸이 크다.

3 털은 하얗고, 눈이 작다.

4 털은 하얗고, 눈이 크다.

정답 4

해설 '흰 털의 강아지였지만, 아빠는 크고 검은 눈을 보면서'라는 표현이 있으므로 정답은 4번이다. 이름만 구로일 뿐, 검정색 털이 아니라는 것에 주의해야 한다.

30 ②우리들의 생활은 바뀌었다고 하는데, 어떻게 바뀌었는가?

1 가족 모두가 빨리 일어나게 되었다.

2 가족 모두가 구로만을 생각하게 되었다.

3 가족 모두가 자신만을 생각하게 되었다.

4 가족 모두가 서로를 생각하게 되었다.

정답 4

해설 마지막 문장의 「～ようになった(~하도록 되었다)」라는 기능어가 문제의 키워드라고 생각하면 된다. '구로'를 돌보기 위해 여동생과 나는 일찍 일어나고, 아빠는 일찍 귀가 하게 된다. 또한, 대화도 늘어나고 가족 모두가 서로를 생각하게 되었다고 했으므로 정답은 4번이다. 구로가 중심이 되었다는 문장을 읽고, 선택지 2번을 고르지 않도록 주의하자.

---

(2)

16년간, 나는 남편에게 거짓말을 계속하고 있다. 싫어하는 딸기 케이크를 매우 좋아한다고 계속 말하고 있기 때문이다.

첫 데이트로 드라이브하러 외출할 때였다. 남편 차를 탔더니, 매우 좋은 냄새가 났다. '와~, 좋은 냄새'라고 말했더니, 남편은 뒷좌석에 있던 케이크 상자를 손가락으로 가리켰다. 안을 봤더니, 딸기 케이크가 상자 가득 들어 있었다. '어떤 것을 좋아할지 몰라서'라며 걱정듯이 말하는 남편의 옆 모습은 마치 소년처럼 귀여웠다. 그런 모습을 보고, 나는 ①'고마워! 딸기 케이크를 정말 좋아해!'라고 말해 버린 것이다.

지금 생각하면, 정직하게 말했으면 좋았을지도 모른다. 남편은 지금도 무슨 일이 있으면 항상 딸기 케이크를 사온다. 딸기 케이크는 남편의 사랑의 증표인 것이다. 그 이후에도 진실을 말하려고 한 적은 몇 번이나 있었지만, 지금도 말하지 못 한 채로 있다.

그런데 최근 어떤 일을 깨달았다. 거짓말을 사실로 만들면 되는 거 아닌가? 정말로 딸기 케이크를 좋아하게 되면 되는 거 아닌가? ②그래, 그렇게 하자고 결심하고, 나는 매일 점심 대신에 딸기 케이크를 먹기 시작했다. 배가 고프면, 뭐든지 '맛있어 지기 때문에' 신기하다. 내 거짓말이 진실이 되는 날이 가까워지고 있다.

(주)사랑의 증표 : 사랑을 표현하는 것

어휘 夫 남편 | うそをつく 거짓말을 하다 | ます형+続ける 계속~하다 | 出かける 외출하다, 나가다 | 匂がする 냄새가 나다 | 後ろ 뒤 | 箱 상자 | 指で指す 손가락으로 가리키다 | 横顔 옆얼굴, 옆모습 | 少年 소년 | 可愛らしい 귀엽다, 사랑스럽다 | 姿 모습 | 正直な 정직한 | 愛 사랑 | 印 증표, 표시 | お腹が空く 배고프다 | 不思議だ 신기하다, 이상하다 | 近づく 다가오다

31 필자는 왜 ①'고마워! 딸기 케이크를 정말 좋아해!'라고 말해 버린 것인가?

1 차 안에서 좋은 냄새가 났기 때문에

2 남편을 실망시키고 싶지 않았기 때문에

3 남편이 케이크를 많이 사 주었기 때문에

4 남편이 데이트를 권해 주었기 때문에

정답 2

해설 '어떤 것을 좋아하는지 몰라서'라고 걱정하는 것 같이 말하는 남편의 옆모습이 소년처럼 귀여워서 '아니'라고 말할 수 없었다고 했으므로, 정답은 2번이다.

32 ②그래, 그렇게 하자고 하는데, 어떻게 하기로 한 것인가?

1 딸기 케이크를 매일 먹기로 정했다.

2 딸기 케이크를 좋아하기로 했다.

3 남편에게 진실을 말하기로 했다.

4 남편에게 진실은 말하지 않기로 했다.

정답 2

해설 '거짓말을 사실로 해 버리면 되는 거 아닌가? 정말로 딸기케이크를 좋아하게 되면 되는 거 아닌가?'라고 결심했다고 했으므로, 그 거짓말이 사실이 되면 문제가 해결되므로, 정답은 2번이다.

33 필자는 남편에 대해서 어떻게 생각하고 있는가?

1 언제나 자신을 생각해 주는 상냥한 사람이라고 생각하고 있다.

2 거짓말을 해도 참아 주는 고마운 사람이라고 생각하고 있다.

3 언제나 단 것을 사 주는 소년 같은 사람이라고 생각하고 있다.

4 진실을 말하려고 해도 말 할 수 없는 무서운 사람이라고 생각하고 있다.

정답 1

해설 '남편은 무슨 일이 있을 때마다 나를 위해 내가 좋아하는 딸기 케이크를 사다 준다'에서 언제나 자신을 생각해 주는 상냥한 사람이라는 것을 알 수 있기 때문에 정답은 1번이다. 선택지 2번의 경우, 거짓말을 한 것을 남편이 모르기 때문에 오답이다. 3번의 항상 단 것과 딸기 케이크를 혼동해서는 안 되며, 4번의 무서운 사람은 관계없는 선택지이므로 오답이다.

문제 6 다음 글을 읽고, 질문에 답하세요. 대답은 1·2·3·4에서 가장 적당한 것을 하나 고르시오.

일본 역 플랫폼에 있는 벤치는 전철문과 서로 마주 보고 있는 것이 보통이지만, 신 오사카 역의 플랫폼은 전철이 달리는 방향을 향해서 벤치가 놓여져 있다. 즉, 벤치의 각도가 플랫폼을 마주 보는 평행이 아니라 90도 직각으로 되어 있다. ①이것은 술에 취한 손님을 사고로부터 지키기 위해서이다. ②최근 조사에 의하면, 플랫폼에서 떨어지는 사고는 해마다 늘고 있다. 그 중에 술에 취한 손님에 의한 사고는 올해는 132건이나 있었다고 한다. 더욱이 취한 손님의 행동을 조사했더니, 떨어진 사람 중 60퍼센트의 사람이 벤치에서 일어나 곧장 걸어 그대로 플랫폼에서 떨어졌다는 것을 알 수 있었다.

신 오사카 역은 어떻게 하면 사고를 줄일 수 있을까 생각했다. 손님이 떨어지지 않도록 플랫폼과 전철 사이에 문을 만드는 것도 생각했지만, 몇 억엔 이나 되는 비용이 들고 만다. 여러 가지 아이디어도 나왔지만, 벤치의 방향을 바꾸기로 했다. 이 방법이라면, 벤치에서 일어선 손님이 곧장 걸어가도 플랫폼에서 떨어지는 일은 없고, 돈도 들지 않는다. 최근에는 신 오사카 역뿐만 아니라, ③벤치의 방향을 바꾸는 역이 늘어나고 있다고 한다.

이처럼 사물을 보는 관점을 조금만 바꾸면, 좋은 아이디어가 만들어지는 경우는 적지 않다. 생활에서 이용하는 다양한 사물에 흥미나 의문을 가지면, 매일의 생활은 더 좋아지는 것은 아닐까?

어휘 ます형 + 合う 서로 ~하다 | 方向 방향 | 向かう 마주보다 | 角度 각도 | 平行 평행 | 直角 직각 | 酔う 취하다 | 事故 사고 | 守る 지키다 | 最近 최근 | 調査 조사 | 落ちる 떨어지다 | 増える 늘다 | 行動 행동 | 調べる 조사하다 | 立ち上がる 일어서다 | 費用 비용 | 見方 관점, 견해 | 生まれる 만들어지다 | 生活 생활 | 利用する 이용하다 | 興味 흥미 | 疑問 의문

34 ①이것이라는 부분이 있는데, 무엇을 가리키는가?

1 벤치를 많이 배치하는 것

2 벤치를 홈에 마주 보고 직각이 되도록 배치하는 것

3 벤치를 홈에 마주 보고 평행이 되도록 배치하는 것

4 벤치를 전철의 문과 서로 마주 보도록 배치하는 것

정답 2

해설 밑줄 친 내용을 묻는 문제가 나오면 다시 한번 밑줄 친 부분의 앞뒤 문장을 확인해야 한다. 이 문제는 밑줄 앞 '벤치의 각도가 플랫폼에 평행이 아니라, 90도 직각으로 되어 있다'는 내용을 근거로 답을 유추할 수 있으므로, 정답은 2번이다

35 ②최근의 조사라고 하는데, 이 조사에서 어떤 것을 알았는가?

1 플랫폼에서 사람이 떨어진 사고는 전부 술에 취했기 때문에 일어나고 있다.

2 플랫폼에서 사람이 떨어진 사고는 매년 100건 이상 일어난다.

3 플랫폼에서 떨어지는 사고는 반 이상이 벤치에서 자고 있었기 때문에 일어난다.

4 플랫폼에서 사람이 떨어지는 사고는 반 이상이 벤치에서 일어나서 곧장 걸어갔기 때문에 일어나고 있다.

정답 4

해설 조사에 의하면 홈에서 떨어지는 사람이 해마다 늘고 있고, 떨어진 사람 중 60퍼센트의 사람이 벤치에서 일어나 곧장 걸어가 그대로 플랫폼에서 떨어지는 것을 알 수 있었다는 내용이 있으므로, 정답은 4번이다.

36 ③벤치의 방향을 바꾸는 역이 늘어나고 있다고 하는데, 왜인가?

1 역을 이용하는 손님이 늘었기 때문에

2 역이 조금이라도 안전해지기 때문에

3 역 사고가 없어지기 때문에

4 플랫폼과 전철 사이에 벤치를 배치하는 비용이 저렴해지기 때문에

정답 2

해설 ③의 앞 문장을 살펴보면 벤치의 방향을 바꾸기로 한 이유가 '벤치에서 일어난 손님이 곧장 걸어가도 플랫폼에서 떨어지는 일도 없고, 돈도 들지 않는다'고 했으므로, 정답은 2번이다. 3번은 벤치의 방향을 바꾼다고 해서 역의 사고가 없어진다는 언급은 하지 않았으므로 혼동하지 말아야 한다. 4번은 벤치의 방향을 바꾸는 것은 전혀 비용이 들이 않기 때문에 오답이다.

37 필자가 가장 말하고 싶은 것은 무엇인가?

1 플랫폼에서의 사고를 줄이기 위해서는, 취한 손님을 줄여야 한다.

2 플랫폼에서의 사고를 줄이기 위해서는, 벤치의 방향을 바꾸는 편이 좋다.

3 사물을 바라보는 관점을 바꾸면, 좋은 아이디어가 만들어지고, 매일의 삶이 좋아지는 경우가 있다.

4 매일의 생활을 잘 하면, 좋은 아이디어가 생겨나 문제가 해결되는 경우가 있다.

정답 3

해설 벤치의 방향을 바꾼 이야기는 필자가 말하고자 하는 것의 예시에 불과하므로, 선택지 2번과 혼동해서는 안 된다. 「こ
のように〜のではないだろうか(이처럼〜은 아닐까?)」에 주목하면 정답을 찾을 수 있다. 즉, 필자는 사물 보는 관
점을 바꾸면 좋은 아이디어가 탄생하고, 이는 매일의 생활을 좋게 한다고 했다고 했으므로, 정답은 3번이다.

문제 7 오른쪽 페이지는 스포츠 클럽 안내이다. 이것을 읽고, 다음의 질문에 답하세요. 대답은 1・2・3・4 에서 가장 적
당한 것을 하나 고르세요.

38 올해 18살이 된 대학교 1학년 김 씨는 평일도 토・일(주말)도 매일 이용하고, 기계를 사용하는 운동과 수영을 하고 싶
다. 또, 타올이나 옷 등의 물건은 스스로 준비하지만, 로커는 빌릴 생각이다. 김씨는, 입회 시 얼마 지불하게 되는가?
1   10,580円
2   10,080円
3   9,500円
4   8,500円

정답 1

해설 먼저 문제를 풀 때 조건을 명확히 체크해야 한다. 김 씨는 18살이 되어 할인을 받을 수 없고, 평일도 주말도 이용하므
로 일단 A타입 8,500엔이다. 그리고 기계를 사용하는 것은 요금에 포함되어 있어 별도의 요금은 내지 않고, 입회등록
요금은 1,080엔, 렌탈 락커는 월 1,000엔으로 이용할 수 있으므로 위 내용을 다 합산하면 답은 1번이다.

39 30살이고 회사원인 에리 씨는 이 클럽에 입회하고 싶다. 다음 주부터라도 운동을 시작하고 싶지만, 다음 주는 월말
로 바쁘기 때문에, 다음 달부터 다니려고 한다. 신청은 인터넷을 이용할 생각이지만, 그 경우 에리 씨가 해야 하는
것은 무엇인가?
1   다음 달 10일까지 신청하고, 이번 달 중에 신분증과 회원번호를 접수처에 가지고 간다.
2   다음 달 10일까지 신청하고, 운동을 시작하는 날에 신분증과 회원번호를 접수처에 보여준다.
3   다음 달 10일까지 신청한 후, 신분증과 신용카드를 접수처에 제출한다.
4   다음 달 10일이 지나고 나서 신청하고, 회원번호를 받아 둔다.

정답 2

해설 우선 문제의 조건을 꼼꼼히 살펴봐야 한다. 30살 회사원이므로 할인 혜택을 받을 수 없고, 처음 가입 시 신분증과 회
원번호를 접수처에 보여줘야 하며, 매월 10일까지 신청해야 신청한 달에 이용할 수 있으므로 다음 달 10일까지 신청
해야 한다. 따라서 정답은 2번이다.

하나야마 시 운영 체육관 · 스포츠클럽 「이키이키」 이용 안내

자신의 생활시간에 맞춰서 이용할 수 있습니다. 당신도 운동을 시작하지 않겠습니까?

【이용시간】

월요일	화~토요일	일 · 경축일
휴관	7:00~23:00	7:00~21:00

【이용요금】

월 회비	이용시간		
A타입	8,500엔	화~일, 전시간	18세 미만인 분과 65세 이상
B타입	7,500엔	화~금, 전시간	의 분께는 모든 타입의 월 회
C타입	4,500엔	화~금, 7:00~10:00	비에서 500엔 할인됩니다.
D타입	5,500엔	화~금, 18:00~23:00	
E타입	6,000엔	토 · 일, 전시간	

※ 첫 달은 상기의 월 회비 이외에, 입회등록 요금으로 1,080엔이 필요합니다.

※ 이용 요금에는 기계 룸, 스튜디오 레슨, 수영장, 사우나, 샤워 룸 이용이 포함되어 있습니다.

※ 렌탈 로커는 월 1,000엔으로 이용하실 수 있습니다.

※ 타올, 신발, 옷, 수영복, 수영 모자는 각각 200엔에 빌려드립니다.

【신청방법】

① 개관일, 개관시간에 신분증명서와 현금 또는 신용카드를 지참해 주세요.

② 아래의 사이트에서 신청할 수 있습니다. 그 경우, 처음 이용 시 신분증과 회원번호를 접수처에 제출해 주세요.

www.hanayamashisportsclubikiiki.com

※매월 10일 전까지 신청할 경우는 신청한 달부터 이용하실 수 있습니다.

10일을 넘기면, 다음 달부터 이용하게 됩니다.

어휘 　利用 이용 | 案内 안내 | 合わせる 맞추다 | 運動 운동 | 始める 시작하다 | 祝日 경축일 | 休館 휴관 | 受け付け 접수처 | 終了 종료 | 料金 요금 | 未満 미만 | 初回 첫 번 | 上記 상기 | 入会 입회, 가입 | 登録料 등록료 | 必要 필요 | 含む 포함하다 | 水着 수영복 | 水泳用 수영용 | 貸し出す 대출하다 | 申し込み 신청 | 方法 방법 | 開館日 개관일 | 身分証明書 신분증 | 現金 현금 | 持参 지참 | 下記 하기 | 場合 경우 | 会員番号 회원번호 | 過ぎる 지나다 | 翌月 다음 달

실전모의테스트 2회

독해

문제 4 다음 (1)에서 (4)의 문장을 읽고, 다음 질문에 답하세요. 답은 1·2·3·4에서 가장 적절한 것을 고르세요.

(1)

　지금은 스마트폰이나 컴퓨터로 무엇이든 간단히 찾아볼 수 있는 시대이지만, 신문이나 책 등을 읽는 것이 중요하다는 것은 말할 필요도 없다. 종이에 쓰인 글자를 읽는 것으로 눈뿐만이 아니라 손을 통해서도 뇌에 작용시킬 수 있어 <u>머리 회전이 좋아지는 것</u>이다. 물론 펜을 사용해서 글을 쓰는 것도 중요하다. 수첩을 가지고 다니는 것은 결코 부끄러운 것이 아니다. 일본은 종이 신문을 읽는 사람의 비율이 세계에서 두 번째로 많다고 한다. 회사에서 사용하는 서류도 다른 선진국에 비해서 매우 많다. 재활용 등이 힘들기는 하지만 그 이상으로 도움이 되는 부분이 클 것 이다.

| **어휘** | 簡単だ 간단하다 | 調べる 조사하다 | 通す 통하다 | 脳 뇌 | 働きかける 작용하다 | スケジュール帳 수첩(일정 노트) | 持ち歩く 가지고 다니다 | 決して～ない 결코 ~아니다 | 格好悪い 부끄럽다, 볼품 없다, 멋지지 않다 | 割合 비율 | 書類 서류 | 先進国 선진국 | 比べる 비교하다 | 役立つ 도움이 되다 |

24 머리 회전이 좋아지기 위해서는 어떻게 하는 것이 좋다고 적혀져 있는가?

1　스마트폰이나 컴퓨터를 사용해서 조사한다.

2　펜을 사용해서 책이나 신문에 메모를 한다.

3　글자를 쓰거나 종이에 적힌 글자를 읽거나 한다.

4　수첩과 스마트폰을 이용한다.

정답 3

해설 앞 부분에서는 종이에 적힌 글을 읽는 것으로도 뇌의 작용을 가능하게 한다고 했으므로 정답은 3번이다. 하지만 선택지 2번「ペンをつかって本や新聞にメモをする」과 혼동하지 말아야한다. 머리 회전이 좋아지기 위해서는 물론 펜을 사용해서 메모를 하는 것도 중요하지만, 필자가 강조하는 것은 스마트폰이나, 컴퓨터가 아닌 종이에 쓰인 글자를 읽는 것이므로 2번은 정답이 될 수 없다.

---

(2)

이것은 스즈키씨로부터 다나카씨에게 도착한 메일이다.

받는 곳 : s.tanaka@nnn.co.jp

건명 : 오후의 일에 대해서

보낸 시간 : 20XX年12月10日　11：12

다나카씨

수고하십니다.

오후에는 회사로 돌아갈 거라고 말했었는데 이쪽 일이 끝나지 않아서 돌아가지 못할 것 같습니다.

죄송하지만 오후에는 이하의 일들을 부탁 드립니다.

1. 팜플렛 인쇄(100부)…양면인쇄입니다. 방법은 가토우씨에게 물어 주세요. 다 되면 종이 상자에 넣어 두어 주세요.

2. 데이터의 입력…제 책상 위에 메모가 있습니다. 파일에 메모의 내용을 입력해 주세요. 입력 후에 메모는 버리지 말고 그대로 책상 위에 놔 주세요.

이 일들이 끝나도 시간이 있으면 가토우씨의 일을 거들어 주세요.

어휘 届く 도착하다, 배달되다 | 午後 오후 | 戻る 돌아오(가)다 | 申し訳ない 죄송하다 | 印刷 인쇄 | 段ボール箱 (골판지)상자 | 机 책상 | 捨てる 버리다 | 手伝う 거들다 | 両面 양면 | 片面 단면

25 다나카상이 오후에 하지 않으면 안 되는 일은 무엇인가?

1 방법을 물어보고 나서 팜플렛을 인쇄 할 것.
2 팜플렛을 100부 단면 인쇄하고 나서 상자에 넣을 것.
3 가또씨와 함께 메모의 내용을 데이터에 입력 할 것.
4 스즈키씨의 책상 위의 메모를 깨끗하게 정리해 둘 것.

정답 1

해설 단문문제는 소거법을 사용해서 문제를 풀면 간단하게 해결된다. 선택지 2번은 '단면인쇄'가 틀렸고, 3번은 '가씨와 함께'라는 부분이 본문과 다르다. 4번은 본문의 마지막 부분에서 '메모는 버리지 말고 그대로 책상 위에 두라'고 했으므로 보기의 내용과 다르다. 그러므로 정답은 1번이다.

(3)

주말 클래식 콘서트

아오미도리 CD&서점에서는 매월 셋째주 일요일 실내 클래식 콘서트를 실시합니다.

피아노, 바이올린, 첼로의 아름다운 멜로디로 편안한 한때를 보내세요.

장소: 1층 CD매장 옆 카페

일시: 매월 셋째주 일요일 오후 2시~3시

요금: 무료

연주자: 미즈노 아오이, 와다 카오루코, 죠우지마 아키코

※ 연주 중 카페 안에서의 음식 섭취 (음식을 먹고 마심)은 삼가 주시기 바랍니다.

※ 연주 곡목이 들어간 CD 「클래식 광」을 구입해주신 분들께는 3명의 사인을 선물해 드리겠습니다.

어휘 階 층 | 飲食 음식, 취식 | 遠慮 사양 | 申し上げる 말씀 드리다 | 演奏 연주 | 買い上げる 사 주시다(손님이 사는 것을 파는 쪽에서 높여 이르는 말) | 販売 판매

26 이 광고의 내용에 대해서 옳은 것은 무엇인가?

1 3번째 일요일에 초록파랑 CD&서점에 가면 클래식 CD를 받을 수 있다.
2 매월 3번째 일요일은 클래식 콘서트가 있기 때문에 CD판매는 하지 않는다.
3 연주에 방해가 되지않는다면, 연주중에도 카페에서 음식섭취를 할 수 있다.
4 「클래식 프라크」에는 피아노, 바이올린, 첼로의 연주가 들어 있다.

정답 4

해설 CD를 받을 수 있는 것이 아니라 CD를 구입하면 사인을 받을 수 있으므로 보기1과 2는 틀렸다. 그리고 3번에서는 ※ 연주 중 카페에서의 음식은 삼가 달라고 했기때문에 오답이다.

이 문제와 같이 게시글, 알림글처럼 정보 전달을 목적으로 하는 내용의 문제는 보기를 꼼꼼히 따져 읽으면서 옳은 것과 틀린 것을 골라내는 연습이 필요하다. 선택지의 단어 하나 하나에 신경 쓰도록 하자!

(4)

어느 시대부터인가 여성의 기모노는 직선이 아름답다고 여겨지게 되었다. 그럼에 따라 기모노를 입는 일이 매우 힘든 고생이 되었다. 천을 가슴에 대고 허리에 대어서 본래 아름다움을 나타냈을 몸의 곡선을 모두 감추게 된 것이다 것이다. 마지막에는 쭉 펴진 띠로 몸을 조인다. 잘 모르는 사람은 이처럼 고통스럽고 직선적인 옷을 왜 입을까 하고 생각할 것이다.

그러나 인간의 심리라는 것은 참 이상한 것이어서 모두 감추어져 있다고 생각이 들다가도 언뜻 보이는 손이나 목 주변이 더 없이 아름답게 보이는 것이다. 일본인이 느끼는 아름다움은 이 숨겨진 것에 기인하는 아름다움인 것이다.

(주) この上なく : 매우, 대단히

어휘 着物 기모노 | 着る 입다 | 直線 직선 | 苦労 고생 | 布 천 | 当てる 대다, 얹다 | 腰 허리 | 胸 가슴 | 本来 본래 | 表す 나타내다 | 隠す 숨기다, 감추다 | 伸びる 펴지다 | 帯 띠 | 締め付ける 졸라 매다 | 服 옷 | 不思議だ 이상하다 | ちらりと 언뜻, 힐끗 | ～かと思うと ~인가 했더니

27 더 없이 아름답게 보인다는 것은 어째서인가?
1 여성의 기모노는 어느날부터 입는데 매우 힘든 것이 되어버렸다.
2 여성의 기모노는 어느 시대부터인가 아름다운 직선적인 옷이 되었다.
3 일본인은 몸의 일부가 언뜻 보이는 기모노에 아름다움을 느낀다.
4 일본인은 몸의 곡선이 보이는 기모노에 신기함을 느낀다.

정답 3

해설 이 글은 첫 번째 단락에서 직선의 아름다움을 강조한 기모노의 불편함에 대해서 언급하면서 부정적인 측면을 제시하는 것 같아 보인다. 그러나 두 번째 단락 역접의 접속사「ところが」이후에 필자의 주장, 즉 기모노가 아름다운 이유를 확연히 드러내고 있다. 밑줄 앞 부분에서 모두 감추어져 있다고 생각했는데 언뜻 보이는 손이나 목 주변(목덜미)가 더 없이 아름다워 보인다고 했고, 마지막에 다시 한번 일본인이 느끼는 아름다움은 숨겨진 것에 의한 것이라고 강조하고 있으므로 선택지 3번이 정답이다.

문제 5 다음 (1)과 (2)의 글을 읽고, 질문에 답하세요. 대답은 1 · 2 · 3 · 4에서 가장 좋은 것을 하나 고르세요.

(1)

나는 여행을 좋아한다. 제대로 계획을 세워서 해외로 가는 경우도 있거니와 적당히 전철에 타고 마음에 드는 이름의 역에 내리는 경우도 있다. 그곳에서는 그 마을의 향기나 경치를 즐기고, 들려오는 (주1)소리에 귀를 기울이면서 흔들흔들 걸어본다.

그런 식으로 다다른 마을에서 내가 꼭 해보는 일이 있다. 그것은 그곳에서 호기심이 생긴 요리를 사진으로 남기고 맛을 보는 것이다. 설령 그것이 평소에 즐겨 먹던 야키소바라고 할 지라도, 처음 간 마을에서 직접 먹어 본 그것은 (결코 익숙한 맛은 없다). 나는 이처럼 여행지에서는 오감을 사용해서 그 장소를 느끼고 즐기려고 한다.

그런 것을 반복하고 있는 사이에, 무엇인가를 하고 있을 때 갑자기 그 마을을 떠올리게 되었다. 그것은 언제나 무언가를 먹거나, 냄새를 (주2)맡거나, 거리에 흐르는 곡을 듣거나 했을 때이다. 큰 건더기가 듬뿍 들어간 카레라이스를 먹었을 때, 비가 갑자기 내릴 것 같은 바람의 냄새를 맡았을 때, 문득 예전에 방문했던 그 마을을 떠올리며 뭐라고 표현할 수 없는 (주3)그리운 마음이 된다.

(주1) 耳を澄ます : 소리가 잘 들리도록 주의하다
(주2) 嗅ぐ : 코로 냄새를 감지함
(주3) 懐かしい気持ち : 옛날로 돌아간 것 같은 즐거운 마음

어휘 旅^{たび} 여행 | きちんと 제대로 | 適当^{てきとう}だ 적당하다 | ～も～ば～も ～도 ~하거니와 ~도 | 気^きに入^いる 마음에 들다 | 降^おりる 내리다 | 街^{まち} 마을, 거리 | 香^{かお}り 향기 | 景色^{けしき} 경치 | 耳^{みみ}を澄^すます 귀를 기울이다 | ふらふら 흔들흔들, 비틀비틀 | たどり着^つく 다다르다 | 味見^{あじみ}をする 맛을 보다 | 普段^{ふだん} 평상시, 평소 | 焼^やきそば 야키소바, 면과 야채, 고기를 함께 볶아 특유의 소스로 맛을 내는 일본의 대중적인 음식 | 決^{けっ}して 결코 | 旅先^{たびさき} 여행지 | 繰^くり返^{かえ}す 반복하다 | 突然^{とつぜん} 갑자기 | 決^きまって 언제나, 반드시, 늘 | においを嗅^かぐ 냄새를 맡다 | 具^ぐ 음식의 재료, 건더기 | ふと 문득 | 訪^{たず}ねる 방문하다 | 懐^{なつ}かしい 그립다 | 味^{あじ}つけ (양념 등으로) 맛을 냄 | 様々^{さまざま}だ 다양하다 | 撮^とる (사진을) 찍다 | 暗^{くら}い 어둡다 | あるなし 있고 없음

---

28 ( )에 들어갈 내용으로 알맞은 것은 무엇인가?

1 결코 익숙한 맛은 아니다.

2 맛없을 것도 없다.

3 절대로 남겨서는 안 된다.

4 음심의 맛, 간 등은 전혀 관계 없다.

정답 1

해설 괄호 앞부분의 「たとえ～ても」 부분이 큰 힌트가 된다. '설령 평상시에 즐겨먹던 음식이라 할 지라도'라는 의미이므로 '직접 가서 먹어 보면 여느 때와는 다른 맛이다'는 의미의 문장이 와야 한다.

---

29 <u>그런 것</u>은 어떤 것인가?

1 계획의 유무에 관계없이, 다양한 곳을 여행하는 것.

2 전철을 타고 멀리까지 가서, 모르는 역에 내려 보는 것.

3 밖에서 식사를 했을 때, 요리의 사진을 찍고 나서 먹는 것.

4 여행지의 경치나 향기, 음식의 맛 등을 느끼도록 하는 것.

정답 4

해설 지시어의 내용 파악 문제는 중문, 장문 독해에서는 빠지지 않고 꼭 출제되는 형식이므로 문장을 읽어 내려갈 때 늘 의식하면서 읽는 연습이 필요하다. 지시어라고 해서 언제나 밑줄의 앞부분만을 지시하지는 않으므로 밑줄의 앞, 뒤를 꼭 확인하도록 하자.

이번 문제에서는 밑줄 앞 부분에서 여행지에서의 필자의 마음가짐과 행동에 대하여 언급했고, 뒤이어 곧바로 그러한 것을 반복하고 있다고 했으므로 밑줄 앞부분의 오감을 이용하여 그 장소를 느끼는 방법인 4번이 답이다.

---

30 이 문장을 쓴 사람은 어떤 때에 그리운 느낌이 든다고 말하고 있는가?

1 처음 가는 가게에서 평소 먹었던 맛의 카레 라이스를 먹었을 때

2 하늘이 어두워져서 당장에라도 비가 내릴 것 같은 날씨가 되었을 때

3 예전에 들어 본 적이 있는 음악이 거리에 흐르는 것을 들었을 때

4 몸으로 느껴서 익힌 것을 잊지 않도록 떠올리고 있을 때

정답 3

해설 필자는 마지막 단락에서 무언가를 먹거나 냄새를 맡거나 거리에 흐르는 음악을 들을 때 문득 예전에 방문했던 마을을 떠올리게 되고, 그 때 뭐라고 표현 할 수 없는 그리운 마음이 된다고 했으므로 선택지 3번이 정답이다. 2번은 비슷하긴 하지만 '비가 올 듯한 날씨'가 아니라 '오감을 이용하여 비가 올 듯한 바람의 냄새를 맡을 때'로 바뀌어야 정답이 될 수 있다.

---

(2)

　고속도로를 운전할 때, 뒷 자석에서도 안전벨트를 착용하도록 하는 법률이 정해지고 나서 5년이 흘렀다. 만일 안전벨트를 착용하지 않아서 경찰에 잡혔을 경우, 면허증의 점수가 감소될 뿐, (주1)벌금은 없다. 그 탓인지 일반 도로의 뒷 자석에서 안전벨트를 착용하는 사람은 ①아직도 전체의 33%밖에 안 된다고 한다.

　그러나 벌금이 없다고 해서 안전벨트를 착용하지 않아도 되는 이유가 될 수는 없다. 안전벨트를 착용하지 않고 사고를 낸 경우, 뒷 자석의 사망률은 무려 4.8배에 달한다.

　그런 것에 비해서, 안전벨트를 착용하면 골절과 같은 경우에도 사망하는 일은 거의 없어진다. 이것만으로도 일반도로에서 ②안전벨트를 착용해야 하는 충분한 이유가 될 것이다.

　물론 다양한 사정으로 안전벨트를 착용할 수 없는 사람들도 있다. 그러나 귀찮다거나 그저 자유롭게 움직일 수 없는 것이 싫다는 이유로 안전벨트를 착용하지 않는다면, 다시 생각하는 편이 좋을 것이다. 그 대신에 얻을 수 있는 것은 (주2)헤아릴 수 없을 만큼 크기 때문에.

(주1) 罰金 : 규칙을 지키지 않았기 때문에 지불하는 돈

(주2) 計り知れない : 상상 할 수 없음, 헤아릴 수 없음

어휘 | 高速道路 고속도로 | 運転 운전 | 座席 좌석 | シートベルト 안전벨트 | 法律 법률 | 警察 경찰 | つかまる 붙잡히다 | 免許証 면허증 | 減る 감소하다 | 罰金 벌금 | いまだに 아직도 | 死亡率 사망률 | 倍 배 | 上る 오른다, 달하다 | 骨を折る 골절되다 | 事情 사정 | 面倒くさい 귀찮다 | 嫌だ 싫다 | 考え直す 다시 생각하다, 생각을 바꾸다 | 代わりに 대신에 | 得る 얻다 | 計り知れない 헤아릴 수 없다 | 払う 돈을 내다 | 支払う 지불하다 | 上手だ 능숙하다 | 怪我をする 다치다 | 済む 끝나다, 해결되다 | 避ける 피하다 | 常に 늘, 언제나

---

31 이 문장을 쓴 사람은 ①아직도 전체의 33%밖에 없다는 것은 왜라고 생각하고 있는가?

1 만약에 경찰에 잡혔다고 할지라도 돈은 내지 않아도 되기 때문에

2 안전벨트를 착용하고 있지 않아도 경찰에게는 붙잡히지 않기 때문에

3 안전벨트를 착용하지 않아도 사고를 일으키지 않을 자신이 있기 때문에

4 안전벨트를 착용하지 않으면 안 되는 것은 고속도로뿐이기 때문에

정답 1

해설 「そのせいか(그 탓인지)」의 앞 부분이 필자의 생각에 대한 원인·이유가 된다. 안전벨트를 하지 않고 경찰에 잡혔을 경우, 면허증 점수만 줄어들 뿐 벌금이 없는 탓에, 뒷 자석 안전벨트 착용하고 있는 사람이 전체의 33%밖에 차지하지 않는 것이다. 그러므로 1번이 정답이다.

---

32 ② 안전 벨트를 하는 충분한 이유라고 하는 것은 어떤 이유인가?

1 아무리 운전을 잘해도 사고는 일어나기 때문에

2 사고가 났을 때 죽을 가능성이 낮아지기 때문에

3 사고가 나도 다치지 않고 끝나기 때문에

4 사고를 피하기 위해서는 안전벨트가 필요하기 때문에

정답 2

해설 대조를 이루는 「それに対して」 앞 부분에서 안전벨트를 착용하지 않고 사고를 일으킨 경우 사망률이 4.8%배에 이른다고 했고, 「それに対して」 뒷 부분에는 안전벨트를 착용했을 경우 사망률이 현저히 낮아진다고 했다. 또 이것만으로도 안전벨트를 착용해야 할 충분한 이유가 된다고 했으므로 2번이 정답이다.

33 이 문장을 쓴 사람은 안전벨트에 대해서 어떻게 생각하고 있는가?

1 고속도로를 운전할 때만큼은 모든 좌석에서 안전 벨트를 착용해야만 한다.

2 벌금이나 법률에 관계없이 안전벨트를 착용하는 의미를 이해할 필요가 있다.

3 사정이 있고 없음에 관계없이 운전 중에는 언제나 안전벨트를 착용하지 않으면 안 된다.

4 안전벨트를 착용하고 있으면 절대적으로 안전하다는 생각은 버리지 않으면 안 된다.

정답 2

해설 마지막 단락「〜た方がいい」부분에 필자의 주장이 잘 나타나 있다. 단지 귀찮고 불편하다는 이유로 안전벨트를 착용하지 않는다고 한다면「考え直した方がいい」라고 했는데 그 부분이 정답2의「意味を理解する必要がある(의미를 이해할 필요가 있다)」와 일맥상통한다. 혼동하지 말아야 할 것은, 다양한 사정으로 안전벨트를 착용할 수 없는 사람들도 있다고 했으므로, 3번은 정답이 될 수 없다.

문제 6 다음 문장을 읽고, 질문에 답하시오. 대답은 1・2・3・4에서 가장 적절한 것을 하나 고르시오.

(1)

추운 겨울을 이겨내기 위해서는 난방기구가 필수불가결하다. 우리들의 생활에 맞는 난방기구란 도대체 어떤 것일까? 우선 대표적인 것으로 에어컨이 있다. 에어컨은 단시간에 방을 따뜻하게 해주기 때문에 쾌적하고 전기료가 들지 않는 것이 이점이다. 그러나 그런 에어컨도 ①(주1)만능은 아니다. 에어컨의 바람은 공기 중의 습도를 낮추기 때문에 다양한 바이러스가 발생하는 원인이 된다. 습도가 40% 미만인 공기는 바이러스에게 있어서 살기 좋은 환경인 것이다. 그 때문에 에어컨과 (주2)가습기를 같이 이용하는 사람들도 적지 않다.

다음으로 가스나 전기 히터가 있다. 가스 요금은 전기 요금에 비해서 비교적 저렴하지만 가스 히터를 사용하면 이번에는 공기중의 습도가 지나치게 높아져 버릴 우려가 있다. 습도가 60%를 넘으면 곰팡이가 발생하는 원인이 된다고 한다. 그런 점에서 전기 히터는 습도의 걱정은 없지만, 춥다고 계속 고타쓰를 켜고 있으면 다음 달 전기 요금의 (주3)청구서를 보고 깜짝 놀라게 된다.

마지막으로, 옛날부터 계속 사용되어지고 있는 고타쓰가 있다. 고타쓰는 다리만을 따뜻하게 하는 것이기 때문에 그야말로 (주4)「두한족열」이 가능한 좋은 난방기구라고 말할 수 있다. 그렇지만 약점도 있다. 그것은 한 번 들어가면 움직일 수가 없다는 것이다. 그 안 쪽만 따뜻하기 때문에 활동적인 사람에게는 적합하지 않을지도 모른다.

이상과 같이 난방기구에는 각각의 장점과 단점이 있다. 에어컨을 이용하는 사람은 60% 이상이나 된다고 하는데 그것이 자신에게 도적합하다고는 할 수 없다. 자신이 살고 있는 지역의 기온이나 (주5)가족 구성, 생활 스타일 등에 맞추어서 최적의 난방기구를 선택하면 좋겠다.

(주1) 万能 : 모든 일에 좋은 것

(주2) 加湿器 : 공기 중의 습도를 높이는 기기

(주3) 請求 : 돈을 요구 하는 것

(주4) 頭寒足熱 : 머리는 시원하게 다리는 차갑게 하는 것

(주5) 家族編成 : 가족 중에 누가 있는가 하는 것

어휘 乗り切る 극복하다 | 暖房器具 난방기구 | 必要不可欠だ 필수불가결하다, 꼭 필요하다 | 一体 도대체 | 代表的 대표적 | 快適だ 쾌적하다 | 電気代 전기 요금 | 万能 만능 | 湿度 습도 | 〜に満たない 〜에 못 미친다, 이르지 못하다 | 環境 환경 | 加湿器 가습기 | 比較的 비교적 | 恐れがある 우려가 있다 | 超える 넘다, 초과하다 | カビが生える 곰팡이가 피다 | 請求書 청구서 | こたつ 고타쓰(전기 등의 열원 위에 틀을 놓고 이불을 덮어 사용하는 일본의 난방 기구) | 活動的 활동적 | 向く 적합하다 | メリット 장점 | デメリット 단점 | 〜とは限らない 〜라고는 할 수 없다 | 地域 지역 | 家族編成 가족편성 | 最適 쾌적 | 効果 효과 | 機能 기능 | 生じる 생기다, 발생하다 | 保つ 유지하다 | 調整 조정 | 長所 장점 | 短所 단점 | 確かだ 확실하다 | 条件 조건

34 ①만능은 아니다 라는 것은 왜인가?

   1   가습기와 함께 사용하지 않으면 난방 효과가 낮아져 버리기 때문에

   2   에어컨에는 바이러스를 감소시키는 기능이 없기 때문에

   3   에어컨의 바람은 바이러스가 발생하기 쉬운 환경을 만들기 때문에

   4   에어컨만으로는 딱 알맞은 온도로 유지하는 것이 어렵기 때문에

정답 3

해설 밑줄 바로 뒤에 에어컨의 바람은 공기중의 습도를 낮추기 때문에 다양한 바이러스가 발생하는 원인이 된다고 제시해 주고 있다. 다만 본문의 「様々なウイルスが発生する原因(다양한 바이러스가 발생하는 원인)」과 같은 의미를 가진 표현을 보기에서 찾으면 선택지 3의 「ウイルスが生じやすい環境(바이러스가 생기기 쉬운 환경)」가 된다.

35 이 문장에 쓰인 '습도'에 대해 맞는 것은 무엇인가?

   1   공기중의 습도가 40%보다 높아지면 곰팡이가 피어버릴 가능성이 있다.

   2   공기중의 습도가 60%를 넘으면 바이러스가 발생하기 쉬워진다.

   3   공기중의 습도가 40% 이하이거나 60% 이상인 환경을 유지하는 것이 중요하다.

   4   공기중의 습도가 40~60% 사이가 되도록 조정할 필요가 있다.

정답 4

해설 습도가 40%가 안 되면 바이러스가 살기 좋은 환경이 되고, 60%를 넘어버리면 곰팡이가 피는 원인이 되기 때문에 40%~60%정도가 되도록 조정할 필요가 있다.

36 ②깜짝 놀라게 된다는 것은 어째서인가?

   1   예상보다 춥기 때문에

   2   예상보다 덥기 때문에

   3   예상보다 비싸기 때문에

   4   예상보다 저렴하기 때문에

정답 3

해설 우선 4번째 단락의 「ガス代は電気代に比べて比較的安い(가스 요금은 전기 요금에 비해서 비교적 저렴하다)」에서 가스 요금이 비싼 편이라는 것을 예상할 수 있다. 또 밑줄 앞 부분의 「次の月電気料金の請求書(다음 달 전기 요금의 청구서)」를 보고 깜짝 놀란다고 했으므로 정답은 선택지 3번으로 확정지을 수 있다.

37 이 문장을 쓴 사람은 난방기구는 어떻게 선택하는 것이 좋다고 말하고 있는가?

1 건강을 제일 우선으로 생각해서 곰팡이나 바이러스를 발생시키지 않는 것.
2 주변의 환경이나 생활 패턴 등을 생각해서 생활에 맞는 것.
3 장점도 단점도 잘 생각한 후에, 가격도 너무 비싸지도 저렴하지도 않은 것.
4 난방효과, 저렴한 난방 요금, 확실한 안정성 등의 조건이 좋은 것.

정답 2

해설 장문 독해의 마지막 문제로는 필자의 주장과 의견을 묻는 문제가 자주 출제된다. 특별한 경우가 아니라면 보통 마지막 단락을 주의해서 읽어 보면 잘 이해할 수 있다. 이 본문 역시 마지막 단락, 마지막 줄에서 「～たいものだ(~했으면 좋겠다)」의 문형을 이용하여 필자의 의견을 나타내고 있는데, '자신이 살고 있는 지역의 기온, 가족구성, 라이프스타일등에 맞춰 최적의 난방기구를 선택했으면 좋겠다'고 했기 때문에 정답은 2번이다.

문제 7 오른쪽 페이지는 결혼식의 2차 모임 장소에 관한 메모이다. 이것을 읽고 아래의 질문에 답하세요. 답은 1·2·3·4에서 가장 적절한 것을 하나 고르세요.

38 기무라 씨는 친구의 결혼식의 2차 모임 장소를 찾고 있다. 인원수는 30명이고 청량 음료를 포함하여 요금은 1인당 5천엔 이하로 하고 싶다. 기무라 씨의 희망에 부합하는 모임 장소는 몇 군데인가?

1 한 군데   2 두 군데   3 세 군데   4 네 군데

정답 3

해설 이 문제의 첫 번째 조건은 인원수가 30명이라는 것이고, 2번째 조건은 청량 음료를 포함한 가격이 5,000엔 이하여야 한다는 것이다. ③棒棒店은 요금은 조건에 부합되지만 인원수가 35명 이상이어야 하므로 이 문제의 조건에 맞지 않는다.

39 기무라씨의 친구가 조건을 바꿔서 한 번 더 모임 장소를 찾아 주기를 바란다고 부탁했다. 그 조건은 아래와 같다. 친구의 조건에 맞는 모임 장소는 어디인가?

· 인원수는 40명으로 변경해 주세요.
· 와인을 좋아하는 사람이 많으므로 와인이 있는 가게로 하든지 반입이 가능한 가게로 해 주세요.
· 피곤할 거라고 예상되므로 앉아서 먹을 수 있는 곳이 좋습니다.
· 요금은 동일하게 1인당 5천 엔 이하로 그 이상의 요금이 들지 않도록 부탁드립니다.

1 ①   2 ②   3 ③   4 ④

정답 4

해설 이런 패턴의 문제는 조건 4가지를 하나씩 따져 보아야 한다. ①イタリアンレストラン은 와인의 반입이 가능한 대신 반입 시에 1개당 추가 요금을 지불해야 하므로 예산이 5,000엔을 넘게 된다. ②エグゼール는 알코올 무료 리필을 선택 할 경우에 1,500엔을 추가해야 하고 반입 불가하므로 맞지 않다. ③棒棒店은 입식 뷔페 이므로 조건에 맞지 않다.

어휘 二次会 2차 모임ㅣ会場 모임 장소ㅣ人数 인원수ㅣ含める 포함시키다ㅣ希望 희망ㅣ条件 조건ㅣ変更 변경ㅣ持ち込む 가지고 들어가다, 반입하다, 지참하다ㅣ飲み放題 음료 무한리필ㅣ食べ放題 뷔페ㅣ徒歩 도보ㅣ最寄り 가장 가까움ㅣ～につき ~당ㅣ和食 일식ㅣ洋食 양식ㅣ種類 종류ㅣ追加 추가ㅣ着席 착석ㅣ中華 중화ㅣ立食 입식ㅣ飲食 먹고 마심

① 이탈리아 레스토랑

이용요금	5,000엔
이용인수	30명 이상 50명 이하
요 리	이탈리아 코스 요리(피자 · 스파게티 · 디저트 등)
	맥주 및 청량 음료 무한 리필 무료
형 식	착석 뷔페
그 외	케이크, 와인 등의 반입 가능 (반입 요금: 1개당 천엔)

② 에그제르

이용요금	4,500엔
이용인수	30명 이상 60명 이하
요 리	일식&양식(15종류 이상) 뷔페, 청량 음료 무한 리필 무료
	알코올 무한 리필은 1,500엔 추가(맥주, 정종, 와인)
형 식	착석 뷔페
그 외	케이크, 와인 등의 반입 불가

③ 봉봉점

이용요금	3,500엔
이용인수	35명 이상 50명 이하
요 리	중화 요리(15종류 이상) 뷔페
	추가 요금 1,500엔으로 청량 음료와 알코올 무한 리필 무료
	(맥주, 칵테일)
형 식	입식 뷔페
그 외	케이크, 와인 등의 반입 가능 (반입 요금 없음)

④ 대한식당

이용요금	5,000엔
이용인수	30명 이상 50명 이하
요 리	한국 코스 요리, 청량 음료와 알코올 무한 리필 무료
	(맥주, 정종, 막걸리)
형 식	착석 뷔페
그 외	케이크, 와인 등의 반입 가능 (반입 요금 없음)